사람 사는 세상 워싱턴

강창구 칼럼집

추천서

이선명/US News 주필

기원 전 441년 고대 그리스의 춘기대제(春期大祭) 때 디오니소스 극장에서 초연(初演)된 소포클레스의 <안티고네>는 관객이 출연자들의 감정이입(感情移入)을 강요받는다고 주장될 만큼 강력한 감흥을 일으키는 정상의 드라마로 손꼽힌다.

소포클레스는 아이스킬로스, 에우리피데스와 더불어 고대 그리스 3대 극작가 중 한 사람으로서, <안티고네>에서 그는 인간의 사회적 동물로서의 집체(集體)적 관계에서 형성된 의무와 독립된 인격으로서의 가치추구 문제를 무대에 올려놓고 있다.

이 드라마는 주인공 안티고네가 하늘의 명령에 따라 크레온 왕의 명령을 거부하는 과정과 격동하는 주변 상황의 파장에 조명하여 우주적 가치체제, 즉 자연법의 질서에 기초한 인간의 양심과 윤리, 그리고 실정법에 근거한 전제적 체제의 상이한 원칙과 이해관계의 충돌에서 발생되는 비극을 다루고 있다.

소포클레스 이전 철학자 헤라클레이토스도 자연의 섭리에 기초한 절대적 가치의 우위를 주장한 바 있지만, 고대 그리스인들의 다수가 어느 특정 지역이나 시대를 구속하는 법체제를 초월하는 보편적 가치를 신봉했던 사실은 퍽 흥미롭다.

투시디데스의 <역사>에는 기원 전 431년 그리스가 페르시아 군대로부터 침공을 당했을 때 당시 페라클레스가 아테네와 테베의 연합군 결성을 제청하면서 "우리는 뭉치면 살고, 흩어지면 죽는다. 이제 우리는 모두 양심에 따라 행동하자"고 강조했다는 기록이 있는데, 바로 여기에서도 고대 그리스인들의 윤리적 가치체계가 엿보인다. 양심이라는 우주적 가치 개념은 후에 로마의 법체계에 많은 영향을 미친 스토아 학파의 자연법에도 반영되었다.

어쨌든 안티고네는 무대에서 커다란 개인적 고통과 희생을 감수하면서 자연법의 초인적인 구속력, 즉 양심과 윤리의 명령에 따라 행동한다. 우주적 가치에 대한 확신이 용기의 원천이었다. 바로 이 때문에 그녀는 이 같은 자연법이 지닌 보편적 가치의 영원성과 정당성의 표상이 되었다. 현상학을 완성시킨 독일의 철학자 프리드리히 헤겔은 안티고네와 크레온의 비교 연구에서 가치체계의 이원성을 주장했지만, 시인 쉘리는 "안티고네야 말로 비이성적 규범에 대한 항거(抗拒)를 대표한"다고 예찬했다.

프랑스 극작가 J. 아누이는 이차대전 중 앙드레 지드, 지로두, 장 꼭또 등 프랑스 지성들의 반(反)나치 투쟁의 대오에 합류하여 안티고네를 민족해방 레지스탕스의 상징으로 등장시켜 고대 신화를 그의 드라마에 재현했고, 독일의 시인 겸 극작가인 베르크홀트 브렉트는 그의 작품에서 안티고네를 평화주의자로 형상화하고 있다.

안티고네는 인륜과 도덕, 그리고 인간의 양심과 정의를 "타협할 수 없는 절대적 가치"라고 신봉하고, 이 같은 신념에 따라 그녀는 실정법과 충돌하는 길을 택하지 않을 수 없었다. 바로 이 때문에 안티고네는 경험주의를 배격하고 생명을 초월하여 불의와의 타협을 거부한 인류 구원의 히로인으로 우리의 마음속에 자리 잡고 있다. 그녀가 "나는 (불의를 이해하면서) 비겁하게 살고 싶지는 않다"라고 선언하는 순간 이 드라마의 감동(感動)은 절정에 이른다.

인류의 문명사는 절대복종이 사회적 미덕, 그리고 절대적 맹신이 종교적 미덕으로 치부되어 인간적 가치가 실종된 노예 신분에서 역사 변혁의 분수령마다 인간을 구속해 온 사회체제와 종교 체제를 점진적으로 극복해 온 변혁의 과정이며, 이같은 역사적 발전은 부당한 주변 환경에 도전(挑戰)해 획득한 투쟁의 전리품이다.

코페르니쿠스의 지동설, 마그나 카르타, 루터의 종교개혁운동, 프랑스의 7월 혁명, 미국의 독립, 링컨의 노예해방, 간디의 비폭력 저항운동, 그리고 동학혁명, 3.1독립운동, 4.19학생혁명, 5.18광주민주의거 등은 모두 우주적 가치를 기초로 한 시대정신의 현시(顯示)이며, 우리가 오늘 제한적이나마 향유하고 있는 자유, 평등, 인권, 복지 등 정의의 보편적 질서는 바로 이같은 인류의 전향적 접근에서 연유한다.

소포클레스가 BC 5세기에 디오니소스 극장에 세운 안티고네를 통해 연출한 휴머니즘, 자유, 진리, 정의 등의 우주적 가치가 현대에 와서도, 특히 우리의 조국 한반도에서, 아직 외면당하고 있는 것은 정말 안타까운 일이다.

그동안 미국 수도 워싱턴 지역에서 현실 정치, 사회현상, 특히 우리 한인 이민사회에서 돌출되는 시사문제에 대한 해법을 한국일보 등 일간지와 기타 주요 지역매체에 고도의 지적 접근의 칼럼을 집필해 온 강창구 선생의 옥고를 모아 한 권의 서책으로 출간하게 되었다는 기쁜 소식을 접하는 순간 필자는 안티고네를 연상한다.

특히 2012년 우리가 건너온 태평양 양안의 조국과 우리가 삶의 둥지를 틀고 있는 미국에 새 역사의 페이지를 열 총선과 대선이 다가오고 있는 이 신춘新春에 마치 "광야의 외침"처럼 고고한 목소리를 내온 강창구 선생의 저서가 진실과 정의에 목마른 많은 독자들의 해갈에 도움을 주고, 따라서 역사의 주체로서 나서고 있는 조국과 미주의 동포들이 올바른 선택을 하는 데 가이드라인이 될 수 있다는 점에서 삼가 이 책을 추천하는 데 주저하지 않는다.

필자는 강창구 선생의 글에서 캄캄한 밤 저 하늘의 별들을 유영遊泳하는 우리 민족의 높은 기상을 보았다. 한마디로 인간 강창구는 우리의 민족의지와 시대정신의 화신(化身)이다. 그의 저서를 통해 조만간 우리는 수십만, 수백만의 강창구 분신分身들이 우리 민족을 미혹(迷惑)의 예속에서 해방시키는 장엄한 대행진을 보게 될 것이라고 나는 확신한다.

해가 지지 않던 대영제국을 그토록 초라해 보이던 간디 앞에 굴복하게 했던 안티고네의 정리(定理)를 필자는 이 책을 통해 풀어보고 싶다.

(Editor.USNews@gmail.com)

강창구 후배 글쓰기에 큰 박수를 보냅니다.

나의 자랑스러운 후배이자 동지인 강창구 단우를 생각하면 맨 먼저 학창 시절 그의 활력 있는 모습이 떠오릅니다.

홍사단 아카데미에서 민족과 사회문제 등을 놓고 열띤 토론을 하고, 방학이면 수련회에 참석하여 산과 바닷가에서 호연지기를 키우던 시절이 생각납니다. 그러나 무엇보다도 그리운 것은 '형님!' 하며 살갑게 다가오던 그의 인간적 모습입니다.

강창구 후배가 어느 날 미국으로 간다는 소식을 들었습니다. 참 아쉬웠습니다. 광주에서 흥사단 운동을 함께 하면서 형님, 동생하고 가깝게 지내면 좋을 텐데 왜 그렇게 멀리 가겠다고 하는지, 조금 야속하기도 했습니다.

미국으로 건너 간 후 상당 기간 소식을 직접 전해들을 수 없었습니다. 강단우의 동기들로부터 간헐적으로 소식을 듣긴 했지만 '잘 있다'는 정도였습니다. 가끔씩 그의 역동적 모습을 상상해보는 것이 그와의 관계를 연결하는 유일한 끈이었습니다.

그런 어느 날 광주흥사단 홈페이지 YKA 동정 란에 강창구라는 이름이 올라왔습니다. 흥사단 단우·회원들의 동정 란에 댓글을 다는 모습으로 말입니다. 댓글을 다는 그 글투가 꼭 젊은 시절 '형님!' 하고 다가오던 그 정겨운 모습 그대로였습니다. 지면을 통해서나마 강단우를 자주 만날 수 있게 되어 너무 반가웠습니다.

조금 지나니까 강단우가 YKA 단우·회원 게시판에 시사문제 등을 비롯한 다양한 소재의 글을 올렸습니다. 처음에는 객지에서 고향생각에 젖어 한국 문제에 대해 넋두리를 하는 것으로 알았는데 그게 아니었습니다. 한국 정치 등 시사적인 주제를 다루는 모습이 전문가 수준이었습니다. 글을 쓰는 빈도도 점점 많아졌습니다.

최근의 민주주의를 참여민주주의 혹은 전자민주주의 라는 용어로 설명하는 사람이 있습니다. 이런 시대적 흐름을 반영하여 요즈음 한국에는 오마이뉴스 등 인터넷 신문이 매우 인기를 끌고 있습니다. 과거에는 아무리 좋은 의견도 방송이나 신문에서 다루어주지 않으면 메아리 없는 외침으로 그치고 말았습니다만, 요즈음은 보통 사람들의 이야기도 들을 가치가 있으면 곧바로 여론이 되어 영향력을 행사합니다.

강창구 후배의 글쓰기는 바로 이런 시대적 흐름에 잘 어울립니다. 멀리 미국에서 한국이 잘 되기를 바라면서, 때로는 분노하고 때로는 기뻐하며 쓴 시사 논평은 심금을 울리곤 하였습니다. 똑같은 사안도 환경에 따라 매우 다르게 비쳐지곤 합니다. 저는 역사를 전공하는 사람입니다. 역사가들은 그 시대로부터 떨어져 있을 때 사안을 좀 더 공정하고 객관적으로 볼 수 있다고 말합니다. 항상 옳은 말은 아니지만 일정한 진리가 담겨져 있는 말임에는 틀림없습니다. 공간적으로 멀리 떨어져 있는 강창구 단우가 한국 상황을 바라보며 느끼는 내용은 먼 거리만큼 더 객관적이고 더 공정한 것 같습니다. 젊은 시절 흥사단 활동을 통해 습득한 민족사랑, 이웃사랑의 정신이 절절히 배어있는 것 같습니다. 강단우의 글은 미국의 정치를 비롯하여 미국 문화에 대한 소재도 다루었습니다. 저는 강단우의 글을 통해 한국인의 눈에 비친 미국의 사정을 감상할 수 있어 좋았습니다. 앞으로도 자주 그런 글을 접할 수 있게 되기를 기대합니다.

강창구 단우의 글쓰기를 통해 좋아하는 다정한 후배를 자주 만날 수 있어 너무 기쁩니다. 강창구 후배의 저서 <사람사는 세상 워싱턴> 출간을 진심으로 축하합니다. 강창구 후배, 파이팅!

최영태(전남대 사학과 교수, 전 광주흥사단 대표))

책머리에

어느덧 자식 걱정할 나이가 되어 버렸다.
제 식솔들 하나 챙기지 못한다는 자책과 푸념도 누가 받아줄 것 같지가 않다.

초등학교 4학년 때로 기억이 된다. 밖에는 세철 같은 소낙비가 그치질 않고 내렸다. 10여리 들길 고갯길을 넘어서 우산도 없이 집에 갈 생각으로 어린 가슴 타들어 가는데 선생님이 6교시 마지막 시간에 교실 안에서 '비'를 주제로 학급전원에게 '시' 한편씩을 쓰라고 하신다.

그 때 태어나서 처음으로 내안에 있는 생각을 적어서 제출했는데, 다음날 교실 뒤에 내 글이 붙여져 있었다.

부끄러웠다. 한편으로는 흥분도 되었다.

부지런하신 아버지 어머니 덕분에 시골에서 광주에까지 유학을 보내주셨는데 대도시 광주는 촌놈에게 별세계였고, 가당치도 않은 별스런 상상을 하는 학생이 되어갔다.

쪼끔씩 유난스런, 그렇다고 특출하지도 못한 그저 그런 사람으로 살아왔던 과거가 나의 전부다.

학생 때 전공이라고 굳이 말한다면 정치, 통일문제라고 할 수 있겠으나, 사회생활과는 상관이 그다지 없는 일이 되어버렸고, 학생 때 가입한 '흥사단운동'이 신념의 기저를 이루고 있다고 생각한다.

언론에 보다 많은 관심을 갖게 되었던 것은 한국사회에서 언론이 권력과 결탁이 되어 사회적 약자들의 삶을 더욱 힘들게 하는 악순환이 비일비재했다. '세상 참 더럽다'는 생각으로 현미경을 갖다 들이대 보면 '꼼수'가 거의 보였다.

국내에는 워낙 전문가들도 많고, 자유기고가로서 얼굴을 몇 차례 내보였지만 미국에 들어와서 교포신문의 '여론란'을 자세히 보니 온통 1970년대 생각들이 연일 신문을 뒤덮고 있어서 순수문학부문을 제외하면 천편일률, 읽어 보지 않아도 거의 같은 내용의 글들로 가득하다.

한 두 편의 글을 신문사에 보냈더니 고맙게도 실어주었다. 고달픈 이민생활 속에서도 우쭐(?)한 마음이 들었든지 흥사단 활동, 민족통일문제, 조국의 정치현실들에 대해서 마냥 구경만 하고 있을 수가 없었다.

특히나 2009년 고 노무현대통령의 서거를 계기로 발족된 인터넷 카페 '사람 사는 세상 워싱턴'은 삭막한 이민생활 속에서 지적 갈증의 분출구가 되었고, 한줄 두줄 글도 올리고 생각도 나누게 되었다. 사람들을 만나고, 예전의 활기가 몸에 퍼지는 느낌이었다.

교포신문에 1주일에 두 번 정도, 뜸할 때는 1달에 한 두 번씩 글을 올리기 시작했던 게 벌써 6~7년이 되어간다.

너무나 감정이 격할 때 보냈던 글은 신문사에서 나를 보호(?)하는 차원이었던지 내 글을 실어 주지 않기도 했다. 그렇게 내보냈던 원고들과 퇴짜 맞은 원고가 도합120~30편이 된다.

여기에서 절반을 발췌하여 이번에 책으로 내놓았다.

‘평생 감옥에 한번 가보지 않고, 인생을 논하지 말라’

젊어서 읽었던 책속의 내용이 아직도 뇌리에 남아 있어서인지 같은 세상을 다르게 보려고 너무나 억지를 쓴 구석은 없는지 걱정이 되기도 한다.

늦게 배운 ‘판소리’가 노년을 더욱 풍부하게 할 것 같은 느낌이다.

이제 겨우 시작에 불과한데도 내 자신이 즐겁다. 소리하면서 느꼈던 느낌을 몇 꼭지 실었다.

우연한 기회에 ‘타이어 비즈니스’를 시작했는데 나이가 50중반이니 마지막 사업아이템이 아닐까 한다. 생활의 어려움을 덜고자 하는 그들과 같은 처지에서 삶의 일부를 나누면서 살아가고 있다.

내 졸고를 마다않고 실어주신 워싱턴 한국일보 편집국, 중앙일보 편집진에게 감사드린다.

워싱턴 흥사단 동지들의 뜨거운 동지애에 감사드리고, 사람 사는 세상 워싱턴 식구들은 이 글을 쓰게 만들었던 가장 큰 동기를 제게 주셨다. 멀리 광주흥사단 홈페이지에 제 글을 허락하여 주신 동지여러분에게도 감사를 드린다. 추천해주신 이선명주필과 김낙영시인님의 노고에 감사를 드립니다. 순옥, 인혜, 병진에게 아빠의 마음을 전한다.

2012. 3월　강창구

kachku@hanmail.net

차례

3. 사람 사는 세상

6. 워싱턴 소리꾼

제1부

살며 생각하며

가슴 아픈 과거를 오늘 고백합니다.

"아직까지 흔들고 있어!"

"야! 어지간히 흔들어라. 저렇게 흔들고도 볼이 맞는 거 보면 신통방통이라."

티잉 그라운드에서의 드라이버 티샷은 그 홀의 승패를 좌우한다. 실수와 통쾌가 한 순간에 결정 나는 초긴장의 순간이다.

긴장하면 더 도져서 어깻죽지를 들썩인다. 남 앞에 서서 강의를 하거나, 말을 할 때도 나도 모르게 오른쪽 어깨를 움직거리니 보는 이가 불편하고, 불안할 것은 당연하다.

아주 고약하고 나쁜 버릇이지만 정작 나는 그런 사실을 모른다.

국민학교 다닐 때 어머니는 1년에 두 번 새 옷을 사 주셨다. 5월5일 어린이 날 운동회 때 '빤스와 런닝구' 한 벌 얻어 입고는 그걸로 여름을 나곤 했다.

둠벙에서 수영하면 수영복, 축구하면 유니폼, 학교가면 교복, 소먹일 땐 작업복으로 만능이다.

추석이 오면 겨울옷을 사주셨다. 다음해 운동회까지 입어야 한다.

간혹 누나 헌옷이나 사촌형들 옷을 내림내림으로 물려 입기도 했다. 그 당시는 나만의 일이 아니라서 새삼스럽지도 않다.

어느 해였던가 5월이 왔는데 어찌된 영문인지 5학년 사촌형의 1년 전 런닝구를 2학년인 나에게 입혀놨으니 늘어진 목둘레가 어깨를 지나 팔꿈치까지 내려왔다.

그걸 걷어 올리기를 수일 째, 보다 못했던지 운동회 끝나고 새로 사주셨지만 그게 50년이 다 되도록 내 어깨를 타고 내려온다. 오늘까지도 여전히… 가슴 아픈 과거가 내 어깨위에 있음을 오늘 고백합니다.

나이가 들어갈수록 이런 악습관과 버릇을 고치기 힘든 이유는 남의 지적을 받아들이려 하지 않고 누가 지적도하지 않기 때문이다. 그냥 그렇게 살다가 갈 것이다.

10년도 더 지난듯하다.

스티븐 코비라는 교육학박사가 내 놓은 책 '성공하는 사람의 7가지 습관'이 거의 2년간 서점가의 베스트셀러 top을 장식했다.

그보다 훨씬 전에 미국의 철학자이며 심리학자인 윌리암 제임스는 '**사고가 바뀌면 행동이 바뀌고, 행동이 바뀌면 습관이 바뀌고, 습관이 바뀌면 인격이 바뀌고, 인격이 바뀌면 운명이 바뀐다.**'는 유명한 말을 남겼다. 피터 드러커라는 경영학자도 비슷한 사례를 발표했던 걸로 기억한다.

'사고-행동-습관-인격-운명' 연쇄 반응중의 중심에 습관이 자리하고 있다.

보통은 습관의 벽을 넘지 못하는 경우가 허다하다. 그만큼 인간행동의 변화를 꾀하는데 있어서 '습관정복'이 중요하다.

결코 쉽지는 않겠지만 좋은 습관을 지속하는 것 이상으로 나쁜 버릇을 버릴 수 있도록 습관화해야 할 듯하다. 100년 전 도산은 우리민족의 운명을 사람마다 인격의 변화를 통해 이루고자 하였고, 세상을 한꺼번에 확 뒤집어 바꾸려다가 좌절해서 역사의 퇴행을 야기하는 것 보다는 점진적 개혁에 무게를 두었던 듯싶다.

그게 4대정신과 3대 수련에 그대로 나타나 있다는 걸 알 수 있다.

더불어서 단우와 회원의 2대 의무를 그 시절에 명기해 놓음으로써 조직의 기본을 탄탄하게 할 수 있었다는 것은 정말 대단한 일이 아닐 수 없다.

'집회 참석과 의무금' 얼마나 많은 조직들이 이 방법을 몰라 고민하고, 아니면 이 문제를 극복하지 못해 조직을 영속시키지 못했던가. 우리들에게는 새로울 것이 없지만 자신도 모르게 몸에 배인 습관 같은 것이다.

한편으로는 예배와 십일조의 매뉴얼에 매몰되어 캘빈의 종교개혁을 무색케 하고 있는 한기총(한국기독교 총연맹)이 이번에는 그 십일조로 기독은행을 만들고, 세종로에 이승만 동상을 세우자고 한다하니, 이런 가관이 또 어디에 있겠는가!

자가당착이요, 도그마가 아닐 수 없다. 따라서 적절한 업데이트가 없는 매너리즘이 생뚱한 분출의 현재에 우리가 있는 것이다.

습관의 보정이나 사회, 민족운동은 경우에 따라서 과단성 있는 결단을 요구받을 때가 있다. 날마다 결단하는 것이 반드시 개인에게만 국한 될 이유는 없다고 생각해 본다.

같이 하진 않지만 같은 일을 하는 사람들

마을 동각과 우물이 마을 한쪽에 같이 있어서 참 편리하게 오순도순 사는 마을이 있었다.

매해 가을걷이를 하고나면 집집마다 쌀 두어 되씩을 이정세로 갹출해서 마을 제경비와 수고한 이장의 수고비로 지출하고 정월 대보름날에 온 동네가 그곳에서 대동계로 마을잔치를 했던 평화로운 마을이었다.

세월이 흘러 신작로가 생기고, 그 위에 시멘트 포장도하고 해서 집집마다 자동차까지 사들이고, 농산물 가공단지도 들어서서 대처에서 주문이 들어오고 일손이 딸리면서 새로운 사람도 자꾸 늘어났다,

이장은 농사일을 더 이상 할 수가 없을 정도로 바빠졌고, 그마저도 손이 딸려서 부이장도 두어야 했다, 나중에는 나라에서 월급도 나오는 관료자리로 바뀌다 보니 이제 서로 이장을 하겠다고 나서는 사람들이 생겨서 매년 이장을 선출해야 될 상황이 되었다.

여기까지는 부락이 발전하고, 인심이 나서 사람들이 더 들어오고 모든 게 좋게 만 보였다.

하지만 오가는 차량들 때문에 마을 고샅의 길들이 예전에 비하여 비좁아지고, 동각주변은 다방과 슈퍼마켓이 들어서서 차 때문에 옴짝달싹 못하는 경우가 다반사요, 아침저녁 시도 때도 없이 질척거리고 소란스러운 장소로 변해 버렸다.

모두가 문제라고 생각했고 처음엔 보다 넓은 장소로 둘다 옮기려 했으나 묘수가 떠오르지 않던 차에 우물은 함부

로 옮길 수가 없으니 동각을 옮기는 게 좋겠다는 의견에 서로가 공감했다.

일을 착수해서 동각의 기초를 거의 닦고 기둥을 세우려는 차에 우물가에 살던 새로 선출된 이장이 동각과 샘터가 떨어져 있으면 불편(?)하다면서 동각은 짓되 농기구 창고나 보다 생산적인 박스공장으로 용도 변경 할 것을 다시 한 번 생각해 보자고 의견을 내 놓으니 조용하던 동네가 온통 시끌벅적하다. 그 뒤 어떻게 결론이 날는지 두고 볼 일이다.

우리 모두 부모 없이 태어 난 사람은 없다.
자식을 두고 말고는 각자의 선택사항이라지만 후손도 두는 게 자연스럽다.

태어난 근본을 부정하면서까지 가풍을 뒤엎는 경우, 조상을 무시하면서 자신의 존재감을 드러내는 사람이라면 자신 또한 그런 일을 당해야 마땅하겠으나 자신의 배경을 자기가 너무도 잘 알고 있기에 그것을 감춰 줄 자신의 분신인 자손들에게 철저하게 자기화를 강요하고 후환예방에 인생의 황금같은 후반을 걱정과 우려로 지내다 불행하게 세상을 마감한다.

직장에서의 전임자와 후임자, 조직이 파탄나지 않기를 바라는 마음은 같을지라도 후임 맡은 자의 생각으로 사소한 문제들을 끄집어내 전임을 깎아 내려야 내가 살고, 전임자 또한 내가 이걸 했다라는 공명심과 불필요한 공치사로 후임자에게 부담을 주고자 한다면 성숙된 조직문화의 길은 요원하기만 하다.

하물며 한나라의 대통령이라면 더 말해 뭐하겠는가! 겉으로 하는 인사치레에서 한 발짝 더 나아가 진솔한 마음으로,

전임자는 후임자에게 "당신에게 물려주게 된 것을 정말 자랑스럽게 생각합니다."

후임자 또한 "너무나 좋은 업적과 문화를 제게 물려 주셔서 부담됩니다만 기대에 부응토록 열심히 하겠습니다." 같은 시간에 같이 일하지 않지만 같은 일을 하면서 그렇게까지 묻고 뜯고 하지 않으면서도 얼마든지 상생할 수 있는 길이 그렇게 어렵지 않아 보이는데, 그런 걸 기대했던 내가 세상을 몰라도 너무 몰랐을까?

세상이 망하지 않는 한, 누구나 크고 작은 인수인계의 과정들을 거치게 마련이고 그러는 가운데 한 가정의 선조가 되고, 제 분야의 전임자가 되는 것을 모를 리 없을 텐데…

그분이 누군지도 모를 사람들이 많을 것이지만

마지막 광복군, 김준엽 전 고려대 총장께서 돌아가셨다.

벌써 30년도 넘은 어느 날, 친구들과 어울려서 내기 비슷한 이야기를 나눈 적이 있다.

'언젠가는' 언젠가는 그분도 학교가 아닌 공직을 맡게 되지 않을까?

스승이기 이전에 학자로써, 학자이기 이전에 인간으로써 바른 생각과 곧은 신념을 안으로만 삭이고 산다는 것도 현실도피가 아니던가.

개인적으로도 반신반의 했던 것은 제 갈 길을 가는 분들에게 찬사와 박수가 그 명분이라면, 그 생각을 고루 나누고 또 다른 분야에서 봉사하는 것도 부족함이 없으련만, 그래도 그 올곧은 생각을 끝까지 지켜 내셨다.

시대의 스승, 그 분을 모시고자 하는 삼고초려가 정권이 바뀔 적마다 이어지고 이어지기를 수십 번, 확인 된 것만도 장관직부터 총리까지 12차례나 된다고 한다.

왜들 그렇게 정권에 못 끌어들여서 안달이었고, 결국에는 끝내 그 길을 마다하셨던가,

요즈음 친일파라고 하는 작자들의 자제들은 그 당시 일본으로 유학을 가서 유곽거리를 흐느적거리며 기웃거리고 있을 때, 학도병으로 끌려갔다 탈출하여 광복군장교가 됨으로써 민족정신의 꿋꿋함과 정기를 그대로 지녔던 분이고 정권의 정통성을 국민들로부터 인정받기에 그만한 인물도 썩 드물었기 때문이었을 것이다.

뒤집어 생각하면 그만큼 정통성과는 상관없는 정권들이 많았다고 생각해도 무방할 것이다.

그분이 맡은 최고 공직은 알고 있는 바와 같이 전두환 정권시절인 80년대 초반 고려대 총장이었다. 사립대학 총장자리는 본연의 직무와 혼동이 될 정도로 학교 재정을 확보해야 하는 절박한 자리여서 정권이나 기업에 부탁을 많이 해야 하는 자리임에도 교수와 교직원의 월급을 동결하면서까지 학교발전을 위한 재정을 확보해도 불만들이 없었던 것은 다음의 일화 하나로 설명되고도 남을 것이다.

정권이 맘먹은 대로 무엇이든지 할 수 있는 시기에 정기연고전을 취소케 한 것을 두고 철야시위학생들을 보호하기 위해 밤새워 경찰의 건물진입을 막아서 학생을 보호하는 총

장, 총학생회를 해체하고 학생회 간부를 자르라는 정권에 저항하다 본인이 먼저 잘린다. 다른 대학들은 학생을 자르고…

1985년 봄, 총장 물러나지 말라는 대모를 하는 풍경을 상상이나 가능한가.

지성의 요람인 대학, 총장의 사표(師表)가 어떤 것인지를 우리에게 던져 주신분이다.

정권에 밉보여 좋을 것이 하나도 없는 그 자리에서도 결코 굴하지 않았던 모습을 오늘 날 우리에게 보여 주셨던 분이 우리와 작별을 하였다.

학문의 길을 오직 책속에서만 찾는다는 것도 생각을 해봐야겠지만, 학문하는 학자들이 어떻게 하면 권력자의 아류(亞流)가 되지 못해 안달하는 모습들을 그렇게도 쉽게 보일 수 있는 것인가,

요즈음에 흔해빠진 폴리 프로페셔들에게는 김준엽 전 고대총장의 삶이 그저 답답하게만 느껴질지도 모른다.

수없이 많은 지성들이 국립 서울대 총장이 누구였는지를 기억해 내는 것이 쉽지 않고, 어느 누가 교육부장관을 했었는지 모를지라도 대학의 총장은 바로 이런 분이라야 된다고 생각하며 그 분을 우리는 쉽게 잊지 않을 것이다.

꼴랑지가 질로 맛있는디

(사람 사는 세상 워싱턴 회원들과 낚시모임)

생략과 절제의 극치미를 갑돌이와 갑순이의 노랫말에서 음미하고는 아! 그랬었지, 그게 바로 우리였어, 그토록 사랑했던 사람 앞에서 "안 그런 척 했드래요," "달을 보고 울~었드래요"

뭔가를 글로 옮겨놓지 않으면 곧바로 잊혀짐의 시작이라 '유토피아' 참관기를 올립니다. 출발 1주일 전부터 우리가족 꼬셔서 같이 가는 것이 더욱 힘들었다.

나 홀로 시장가서 매운탕거리, 구울거리, 마실거리 찾느라 분주했고, 집에서 40분 거리지만 08:40, 무조건 목적지 부근으로 출발, '애나폴리스' 매릴랜드의 주도, 17세기형 이 도시의 성장 배경은 노예무역항으로써 악명을 떨친다.

방사형 도시에 유럽풍 고전미가 물씬 풍기고, 그 정취를 보존하기 위해서 건축규제가 까다롭기로 유명해서인지 옛 모습을 거의 보존하고 있다는 걸 시내로 들어 갈수록 느낄 수 있다.

체사피크만에 인접한 '네이비 아카데미' 미 해군사관학교도 이 도시가 자랑하는 것 중의 하나다.

과거 의자공장 다닐 때 배달 다니느라 익숙한 지형이었지만 오늘 길은 더욱 새롭다.

쿨 보이님의 디랙션 안내물을 펼쳐든다. 항상 느끼는 바이지만 부부 중 한사람은 '길치'라, 아침부터 기분 상하지 않게 하기 위해 조용히, 묵묵히 운전해 가는데 낚시 라이센스 파는 곳에 다 와서는 '아뿔사, 지나쳤으니 되돌아가야 한

데요. 글쎄 옆에 세워 놓고 다시 보니 잘 가고 있는 것이 불안했던지 느닷없이 지나왔던 길을 들먹거리는 통에… 그래도 그냥 웃었지요.

내가 웃으니 가정이 화평하고, 인류가 아름답습디다.

요리조리 애나폴리스 꼬리 (지도상의 남단)길을 따라 "스톨롤라 붐파 스톨롤라 붐파 스톨롤라 붐파 붐붐붐.

낯익은 아저씨(소주한잔)가 문을 열고 있는 사이 사립문을 들어갔네, 푸른 바다에 푸른 바다님(소주한잔 한방지기)이 없다면 얼마나 스산할까, 첫인사를 하면서 부부가 모두 소주를 제법 하신다는 풍문을 어이 할꼬, 아화가 파킹안내로 여기저기 부지런하다.

안그래도 9월 덜 익은 홍시처럼 불그레한 얼굴로 꿈인지 생시인지 모를 말을 쉼 없이 한다. "뭘 몇 마리 잡았다나, 잡아 갔다나?" 불루 피쉬니 볼락이니…

사면이 바다로 화~악 트인 경치며, 맑은 하늘이며, 야트막한 잔디 끝에 매달린 해송 언덕 너머로 대서양의 망망대해가 눈을 멀게 하누나. 솟구쳤다 내리꽂는 갈매기 떼 나르고, 군데군데 산발한 태공들의 손발이 어지럽다.

더 이상은 물러설 수 없다. 육지의 끝단 토마스 포인트 파크에 선 느낌을 아화는 아는지 모르는지 '고기잡이 상황보고에 계속 열을 올린다.' 정신을 차려 둘러 볼 겨를도 없이 챙겨 온 낚싯대 채비에 바쁘다.

낯익은 얼굴마다 아침 햇살 (술 익는 마을마다~~) 반가운데 인사도 하는 둥 마는 둥 낚싯줄을 물에 넣어서 하나는 아들 쥐어주고, 하나를 더 던지려는데 옆에 있던 아시안(필리피노)이 뭔가를 끌어 올린다.

족히 20인치(50센티)가 넘는 락 피쉬(한국명 농어)를…

이거이! 이거 봐라, 손목 근육이 실룩거리네 옆에 누군가와 있다는 느낌에 눈을 들어 보니 태극형 반바지 (울긋불긋) 케이킴이 웃고 있다. "식구들은?" "이따 올 거요" "불만이 뭔데?"

뭐가 그리 바쁜지 쿨 보이님이 왔다 갔다 한다. 평소 차분했던 그의 모습이 아니다.

견물이 생심을 동하게 했을까, 놓친 고기에 대한 아쉬움일까 약간은 들뜬 듯 알 듯 모를 듯한 궁시렁 지쟈스~ 하는데, 옆에 밀짚모자의 신안양반(이성철 장로)과 신안댁 내외가 두 시간만~ 어쩌고저쩌고 (빨리 왔었더라면 뭐 블랙피쉬 흑돔 종류를 잡았을~~)

낚시에 눈들이 뒤집혀 가지고 인사도 대충대충, 방담 한마디 건네기가 무섭다. 이노님도 스쳐지난 듯하다.

한 무더기의 차량들이 도착한다. 눈에 물고기 망막이 덮여있으니 누가 누군지 구분이 쉽지 않다.

그걸 잡아서 뭐 할 건데, 혼자 속으로 고민할 경황도 아니다. '우선 잡고 보자'가 지상 명령이자 과제다

노란 리본과 훈키 나짱, 명박이 장로님, 한방지기 선자씨, 두 손주놈들, 한별님과 심지, 메주님과 두 따님, 먼 바다님과 아들 모두가 즐겁다.

잡아 놓은 게 없으니 자랑거리도 없고, 바브님과 바람같이, 경인도 내리고…, 그 좋은 곳에서 건네는 인사가 완전히

Tomas Point에서 가족과 즐거운 한 때

건성이다. 여전히 아화는 주차정리에 상황보고로 이리 뛰고 저리 뛴다.

까마귀 날자 배 떨어지나, 원님 덕분에 나팔은커녕 기다리는 입질은 없고 빈 낚싯대 후리기를 몇 차례, 방파제 바위에 걸린 낚싯줄 잘라먹고 던지고를 시간여, 배속에서 술술 경기가 발동하니 어른께 인사 먼저 여쭙고 나면 만사 오우케이, 어디 계시나, 명박장로님, 아하 반대편 대서양 쪽빛 저 멀리를 응시하고서 초공의 경지에 빈 낚싯대로 세월을 건져 올리는 분 옆으로 다가 앉았다.

전날 6파운드, 4파운드 두 마리 광어(고백합니다- 전혀 수확이 없을 걸로 지레짐작하고 준비한 비장의?) 회를 몇 점 잘라놓고, 기막힌 초장, 간장에 회 한 가닥에 사랑과, 회 한 가닥에 추억과 또 회 한 가닥에 어머니 어머니…

들은 우선 가서 요기할 먹거리나 사진기 갖추느라 새벽부터 부산하다.

때문에 높은 산이든 야산이든 간에 혼자서 산에 가는 일은 거의 없고, 그것도 일행이 많을수록 산에 가는 묘미가 크다고 생각한다.

이유야 어떻든지 한국의 남한 일대의 높은 산들은 거의 올라 봤고, 이곳 미국의 쉐난도우 국립공원에 있는 애팔래치안 등성이에 발자국도 많이 남겼다.

그런데 산에 갈 때마다 잊혀지지 않는 일화가 하나 있다. 진도에서 올라 온 친구였는데, 그의 말에 따르자면 평소에 산을 싫어하고 말 것도 없이 초등학교 때 뒷동산에 소풍 다녀 온 게 전부요, 해군으로 병영생활을 마쳤다는데, 회사에서 교육과 단합목적상 실시하는 산행에 참가 했다는 것이다. 속도와 낙오규정이 없을 리가 없던 터라.

30명씩 1개조로 출발을 하게 되어 중간쯤 가다보면 앞선자는 더 빨리 올라가고 뒤따르는 자는 같은 거리를 똑같이 따라가는데도 두 배로 힘들다.

가다가 몇 차례 나누어 쉬어가게 되는데 이때 너무 많이 쉬게 되면 오히려 탄력을 잃고 더욱 힘든 산행이 될 수 있다.

앞서가던 그룹이 잠시 쉬는 동안 뒤 그룹이 도착하자마자 또 앞 그룹은 출발하고를 반복하니 뒤따라 산행하면 심리적으로 더 힘이 들고, 그럴 때마다 이 친구 가쁜 숨을 몰아쉬면서 외마디로 "나만 오면 가네" 하고는 풀썩 주저앉기를 수차례, 그날 이후 그의 별명은 좀 길지만 "나만 오면 가네"

로 정해지고 20년이 지난 지금까지 어떤 이의 기억에 회자되고 있는 것이다.

30년도 지난 70년대 중반 몬도가네 라는 아프리카 종족을 대상으로 하는 다큐멘타리 영화를 본 적이 있다. 볼거리가 귀했던 그 시절에 이름도 생소하고, 듣도 보도 못한 별희한한 장면이 입소문을 탔고, 급기야 학교에서 단체관람하기에 이른 영화.

아프리카의 신비스러움과 미개한 생활상을 그대로 화면에 담아서 세상에 알렸던 영화다. 줄거리가 있었던지는 기억이 없다. 상상을 초월한 비문명과 잔인함, 또는 참혹함이 화면 가득했는데 그 영화를 볼 당시 느낌은 발가벗은 흑인들과 옷을 입고 생활하는 우리들과는 천양지차라는 어줍잖은 우월감들을 가지고 극장문을 나섰다.

징그럽기까지 한 그 장면들은 상당기간 기억을 지배하면서 대단히 행복한 나라에 태어난 나 자신의 공짜행복과 죄없는 불행 사이를 저울질 하는 못된 버릇을 갖게 되었다.

나만 오면 가네 , 몬도 가네 억지스러움이 있지만 시간상으로 늦다는 공통점이 공교롭다.

우리는 일반적으로 시대에 뒤처지거나, 상황판단이 둔해서 타이밍을 맞추지 못하는 것을 타임레그(time-leg)현상이라 한다. 주위에는 가끔 그런 사람들도 보이지만 사회현상, 그중에서도 국가정책도 그런 경우가 비일비재하다. 그래서 지도자에게 불필요한 재정낭비는 물론이고 시행착오적인 행정낭비를 최소화하고, 시대를 앞서가는 비젼과 혜안이 요구되고 있다.

중후반에 들어선 현재, 행정부 및 청와대의 조직개편만 보더라도 집권초기에 온통 뜯어 없앨 듯이 요란법석을 떨더니 95%이상 전정부시절로 되돌아갔다. 과거의 것을 그대로 답습하는 것도 시대 역행이라 하겠으나 창조라는 미명하에 모조리 뜯고 부수고, 새로 만든다면 전통은 설자리를 잃게 된다.

거기다가 무슨 목숨 걸고 개국했다고 한쪼가리도 안 되는 자리다툼으로 국민세금 써가면서 아까운 시간들을 낭비하고 있는 저들은 어느 세상에서 살다 온 사람들인가.

가관이 넘쳐서 기가 찰 노릇이다. 이탈리아 감독이 찍은 영화, 몬도가네(mondo cane)라는 말은 이탈리아 말로 '개 같은 세상'을 뜻한다고 한다.

나이든 사람이라고 모두가 그런 건 아닐세

미국에서 정월 초하룻날 새벽에 차례상 차린다는 게 쉬운 일이 아니다. 시절이 어렵고, 그러다보니 어려울 때마다 항상 뒤에서 응원해주셨던 어머님이 돌아가신 지도 3년째 접어들고 해서 서툴지만 차례를 지내고나니 한결 가벼운 마음이다.

그러고 보니 나 또한 살아있을 날이 한살 줄어든 셈이다. 살날이 살아온 날보다 줄어든 지 이미 오래고, 앞으로 만날 사람들 중에서 열에 예닐곱은 나보다 손아랫사람들이라 생각하니 한층 나이 먹음에 대한 자세를 다시 가다듬어야겠다는 생각이 든다.

엊그제 젊은 손님 한분과 가벼운 언쟁 중에 "나이도 어린분이 너무 심한 것 아니냐!" 했더니 되돌아 온 홍두께는 나이 먹은 게 무슨 자랑이냔다. 하여간에 나이 먹은 사람들은… 하고 위아래를 훑어보다가 말끝을 흐린다.

더 이상 할 말을 잃고 말았다. 언쟁의 발단이야 차치하고라도 이런 상황은 그냥 연출된 것도 아니고, 작게는 가정에서부터 때와 장소를 막론하고 일어난다. 소위 세대 간의 갈등으로 치부될 수도 있겠으나, 우선에 나부터 이 무슨 낭패란 말인가. 본의 아니게 오갔던 한마디씩에서 실로 엄청난 충격을 받은 쪽은 당연히 내 쪽이었고, 조금 더 심해졌더라면 보수꼴통 소리까지 안들은 걸 천만다행으로 생각키로 했다.

요즈음에 젊은 층과 얘기할 기회도 줄었지만 나이든 쪽에서 분명히 알아둬야 할 것 중에 한 가지가 나이든 사람들이 가졌던 충효사상이나 장유유서 등 전통적 가치는 젊은 세대가 갖는 합리적 가치에 묻혀버린다는 사실이다. 그걸 잊고서 아무렇게나 대했다가는 영락없이 나처럼 당할 수가 있다는 것이다. 특히 정치적 발언에 유념해 둘 필요가 있다.

가령, 해방 전후 세대가 어렴풋하게 겪었을 전쟁의 기억에다가 웃어른들의 참혹한 얘기들이 더해져서 좌익, 빨갱이 죽일놈, 죽여 없애야 될 말종 쯤으로 생각하는 선대들의 이념 스펙트럼을 그대로 여과 없이 젊은 세대들에게 들이댄다면, 그들로부터 되돌아오는 건 지킬만한 뚜렷한 명분마저 불분명한 분들이 무엇을 지키고자 보수를 자처하고, 굴종의 시대에 쩔어든 예속노예근성마저 버리지 못하는 꼴통 낙인까지 여지없이 덮어쓰게 된다.

사람 사는 세상에서 약자에게 관심을 갖고, 약자들을 배려

하며, 약자의 이익을 대변코자하는 것에서 한발만 더 나아가, 가진 자와 권력자의 행태를 비판할라치면 여지없이 좌빨이니, 빨갱이니 하고 살벌한 단어가 날아오기 마련이다. 단지 선험적 가치에 의존하여 젊은 세대들에게 침묵과 종용을 주입코자 한다면 인류 보편적가치인 공동선 추구라는 젊은이들의 대명제 앞에 혹독한 시련을 대비하지 않으면 안 될 것이다.

인터넷시대에 살면서 새로운 풍속도로 니플이라는 댓글코너가 있어서 신문기사 하나하나마다에 개인의 생각들을 올려놓는다. 역기능적인 면이 있다고 하지만 나름대로 그 의미가 있다고 생각한다.

70년대 말 '해방 전후사의 인식'이라는 책자를 접해 본 뒤 받았던 정체성의 쇼크에 이어서 정치 학도로써 신문기사의 숨어있는 글을 읽지 못한다면 정치학 공부할 자격이 없다고 말씀하신 한국정치학계의 석학 고 주수원 교수님의 말씀이 오늘에 새롭다.

오늘날 언론의 문제이려니와 신문제목만 달달 읽고 나서 빨갱이 운운하지 말았으면 하는 마음이다. 더 이상 늙은 사람들은 모두 보수꼴통이라는 말이 듣기 싫거든…

누구를 위하여 종은 울리나

너무나 조용하다.
할 말이 없어서일까,
해야 할 말이 너무 많아서 일까?
잊고 싶은 쓰라림 때문일까,

벌써 잊혀져버린 전쟁이라고 생각해서 일까?

2003년 3월 20일 시작된 전쟁, 전쟁개시 40여일 만이던 5월 2일, 조지W부시 미 대통령은 귀환 중이던 항모 에이브러햄 링컨호 선상에 공군 조종사 복을 입고 함재기에서 한껏 폼 잡고 내리며 이라크 전의 승리를 선언했다.

미군 희생자 138명, 이라크 민간인 2,700명, 그 때 발표된 희생자 숫자다.

8년 9개월이 지난 12.15일, 바뀐 버락 오바마 미 대통령이 이라크 주둔 미군의 전면 철수를 발표한다. 사담 후세인 정권의 대량살상무기(WMD)를 제거한다는 명분으로 시작된 이라크전쟁에서 희생자의 집계 자체가 불가능 하다는 전제가 따르는 발표지만 민간인 12만 7천명, 이라크 군인 4만 2천명 사망, 미군 사망자 4천 487명, 부상자 3만 2200명, 연합군 사망자 300명, 전쟁비용 3조달러, 초당 5천 달러가 넘었다니 얼른 짐작이 되지 않는다.

뉴욕 세계무역센터(WTC) 쌍둥이 타워가 허무하게 무너지는 충격으로 인해 합리적 판단을 하지 못했던 미 국민들은 '테러와의 전쟁'에 나선 '총사령관' 조지 W.부시 대통령의 행보에 동참했고, 전쟁 중에는 사령관을 바꾸지 않는다며 재선까지 도왔다.

2008년 밀어닥친 세계적인 금융위기 속에서 미국이 허망하게 휘청거리고 결국 국가 신용등급 강등이라는 치욕을 당한 것도 전쟁비용으로 미국의 국력이 소진된 결과로 평가되고 있다.

어렵다. 많이 어렵다. 힘들어 한다. 주변 거의 모두가 힘들어 한다. 모기지 페이먼트가 어렵다는 생각만 있지 누가 무엇 때문에 어려워졌는지를 알려고 하지도 않고, 정치하는 사람들은 다 똑같은 족속들이라고 생각하고 지나간다.

그 거대한 자본의 화수분이던 은행이 휘청이는데 서민들의 생활은 어쩌겠는가, 그것이 미국만의 일인가,

전쟁에 반대하는 목소리는 희미했지만 그들이 옳았다. 불과 9년 전의 이야기를 이렇게 찍어서 입에 넣어 주어도 모른다.

미국 우주항공국(NASA)이 12월 5일 '제2의 지구'를 발견했다고 발표했다. 우주망원경의 이름을 딴 '케플러 22b' 행성은 지구와 600광년 가량 떨어져 있다. 지구보다는 약 2배 반 정도 크다. 표면 온도는 섭씨 22도, 생명체의 필수 요소 중 하나인 물도 있는 것으로 추정된다.

NASA 소속 케플러 팀 과학자는 이번 케플러 22b를 발견함으로써 "인류가 살 수 있는 지구만한 크기의 행성을 찾는 데 점점 다가가고 있다"고 밝혔다.

한번 계산해 봤다. 1광년은 빛의 속도로 1년간을 가야 도달할 수 있는 거리다.

빛은 단 1초 만에 달까지 간다. 빛이 태양까지 가는데도 8분밖에 걸리지 않는다.

이 행성은 자그마치 지구와 태양거리의 4천만 배 떨어진 곳에 있다. 그곳에서 바라다보는 지구는 어떤 모습 일까.

1백 년 전이던 1911년 이전에 태어나서 지금까지 살고

있는 100세 이상의 숫자는 전 세계적으로 7만 명 정도다. 대부분 생물학적 생명연장을 하고 있는 사람들이다.

지금 현생 70억 인류 중에서 앞으로 120년 후인 2131년까지 살아 있을 사람은 단 1명도 없다고 봐야 할 것이다. 그 때가서도 탐욕으로 싸우고 서로 죽이고 죽고 할까.

죽지 않아도 될 수십만의 희생을 어느 누구 하나 책임지지 않는다니! 그리고는 역사에 맡기잔다. 그리고 끝이다. 서민들 모기지가 힘들든지 말든지…

돌아가는 삼각지

1971년 11월 7일.

'누가 울어~ 안개 낀 장춘단 공원~'을 부르던 불세출의 가수 배호가 29세의 짧은 생을 마감했다.

거의 40년 전의 일이다. 그 때 나는 중학교 2학 년쯤이었다. 동네 형들과 고갯길 넘으면서 밤에 휘파람은 귀신을 불러 모은다는 음산한 괴담도 뒤로한 채 '영시의 이별'을 따라 불렀다.

아직 변성기가 오지 않았던 탓에 좀 더 조숙한 친구들이 배호의 걸쭉한 목소리를 흉내 내면서 목소리를 내려 깔면 덜 자란 수컷의 엉거주춤한 따라 하기는 어설프기 짝이 없었겠지만 그 변성된 소리로 서로 남자임을 확인하곤 했다.

텔레비전이 없던 시절이니 노래 부르는 사람의 형상을 까만 레코드판 겉표지의 그림으로 짐작해야 했고, 건방지게 뒤돌아 보는듯한 복실한 귀공자 스타일의 가수 배호는 신비로울 수밖에 없는 존재이기도 했다.

노래가사를 각색해서 만든 영화 '돌아가는 삼각지'에서 배우 문희와 김희라가 비 내리는 삼각지에서 만나기로 한 약속을 지켜내지 못하고 울면서 돌아가는 장면과 함께 백업되는 배호의 노래는 나의 애창곡이 되어 오늘에 이른다.

배호의 삼촌이자 작곡가 김광빈 씨는 배호의 노래를 '절규'라고 했다.

저음을 기반으로 음계의 한계를 넘나드는 고음이 없이는 절규가 되지 않는다. 그 절규가 리듬으로 다듬어져서 저 밑바닥을 긁어 올리는 듯한 신비의 음색은 '고독'의 다른 모습으로 나타나기도 했다.

배호

그때까지 대중가요 가수들의 목소리에 익숙해 있던 국민들에게는 무슨 '뒷골목 깡패'의 목소리니, '환자의 목소리'라느니 부정적인 평가들이 있었지만 작곡가 전우와 배상태를 만나면서부터 폭발적인 인기몰이를 하게 된다.

여성들에게는 고독이 뚝뚝 떨어지는 외로운 남자, 말 못하는 순정의 전도사로 다가섰고, 남자들은 편안하게 흉내 낼 것 같은 저음의 깔린 목소리에 누구나가 한두 번쯤 노랫말에 매료되었을 것이다.

수많은 음악의 장르가 현존하지만 일반인들이 접하는 음

악이라는 게 학교에서 배우는 범주와 방송전파를 통해서 얻게 되는 게 고작이었던 시절이었으니 서민들과 동고동락하는 애환이 곡과 가사에 그대로 녹아있게 마련이었다.

추억의 사진을 통해서 아름답던 때를 기억해 내기도 하지만, 언제 어디서건 꺼낼 수 있는 애창곡이야말로 사진이 가지지 못하는 편리함까지 대신해 주니 일반 대중들의 애환을 달래주는 청량제가 아닐 수 없다.

배호는 해방 전 1942년 중국 산동에서 태어나 고국으로 돌아왔고 휴전 후 14살 어린나이에 피난지 부산에서 서울로 올라와 드러머와 악단생활을 거치며 가수가 되었다. 신장염으로 퉁퉁 부은 얼굴과 가쁜 숨을 몰아쉬면서 홀어머니를 뒤로하고 젊은 생을 마치게 된다.

가을이 되고, 11월이 되면 끈질기게 남아 있는 마지막 잎새처럼 생의 애착을 노래에 실어 오늘까지 전해 주는 천상의 가수 배호가 더욱 그리워진다.

1등은 길이 없다.

19세기 영국을 해가 지지 않는 나라였다고 했다. 21세기에는 도요다가 멈추면 세계가 멈춘다는 표현이 좀 과장된 면이 있긴 하지만 운송수단 중에서 가장 일반인들과 근접한 자동차 회사가 도요다라 할 만큼 도요다의 신화와 질주는 가히 눈부실 만하다,

사실 미국에 오기 전에도 가끔 외국에 나가게 되면 자연경관의 관광 전에 우선 눈에 들어오는 게 오가는 차량들이었다. 그 중에 가끔 지나가는 현대, 대우차들을 보면 대견스

럽기도 하고 안쓰럽기도 했다. 좀 더 없나 하고 눈을 두리번해 보지만 잊을 만하면 하나씩 보이던 한국차에 대한 애정이 사랑인지 조국애인지는 모르지만 정도의 차이는 약간 달라졌을지 몰라도 지금도 여전하다.

그러던 한국산 현대, 기아차가 요즈음엔 실제 수치보다 더 많이 눈에 띄고 덩달아 내 어깨도 으쓱해지곤 하는데, 더군다나 타이어를 시작한 뒤로는 수많은 차량들의 이름들을 기억해야하기 때문에 차 뒤꽁무니 보는 게 습관이 되어가고 있다.

년 매출 520조원이던 도요다에 위기와 시련이 닥쳐왔다. 도요다가 어떤 회사인가를 보다 알기 쉽게 비교해보자.

2010년 현대차그룹이 매출 54조이니 10배가량 크고, 도요다 상근직원이 36만 명으로 범 삼성그룹 (삼성,신세계,CJ,한솔-22만)의 두 배가량 많다. 도요다의 미 시장 점유율 17%(현대+기아 6%), 도요다의 시가 총액은 240조원이다. (범삼성 216조, 2010 한국정부예산 292조, 서울시 예산 22조)

승용차 위주의 시장공략이기 때문에 실제보다는 훨씬 많은 차들이 미국의 거리를 점령하고 있고, 한집 건너 도요다차가 없는 집이 없다할 정도다. 자동차 시장에서 위치가 확고하게만 보였던 도요다의 아성이 무너지지 않을까 하고 해당사는 초비상 상황이고, 일본과, 전 세계 자동차의 절반이 돌아다니고 있다는 미국에서는 비수 맞은 우두머리 사자를 둘러싼 하이에나 떼들을 연상하는 정글이 펼쳐지고 있다.

한편의 반사이익을 기대하기 보다는 비교자체가 어불성설이지만 그 기업을 지금처럼 세우기 위해 수많은 시련과 고통, 죽음과도 맞바꿨을 법한 도요다 가문에 느닷없는 연민과 함께 다시 일어섰을 때 돌아올 찬사와 격려를 하고 싶은 생각이 드는 건 왜일까?

한 번도 도요다 차를 사본적도 없던 내가 왜 이런 생각을 할까?

한국에서 직장만 다니다가 낯선 땅에서 사업이랍시고 벌려놓고 보니까 좋은날보다 궂은날이 열배는 많은 지금, 나만 그럴까 ?

頭走無路- 1등은 길이 없다. 길을 만들고, 그 만든 길로 끊임없이 추격을 당하면서도 새로운 길을 닦아야하는 기업문화 또한 숙명이다. 높기 때문에 쉽게 허점이 노출될 수밖에 없다. 이것이 치명타로 돌변해서 연합전선을 형성하는 경쟁자들의 타켓이 되고, 또 다른 선두가 형성되는 것이 기업역사의 순환이다. 그 가운데 자동차인들은 숨을 죽이고 이 사태를 지켜보고 있다.

미국의 자동차회사를 비롯해서 경쟁적 위치에 서고자 노력하는 한국의 자동차회사들도 시장쟁탈을 위해 절체절명의 기회로 삼고자 하는 모습은 지극히 당연해 보일는지 모른다.

그 노력으로 인해 잠시추월은 가능할지 모르겠으나 끊임없는 성장 동력의 내부적 내공 없이는 수성이 불가함을 이번 도요다사태가 보여주고 있다. 잘 나가다가 스스로 넘어지지 않도록 수많은 시스템 점검의 일상화도 당연지사겠으나 앞서가는 자 넘어지기를 기다리는 요행만을 바라보는 전략이라면 이 또한 생각해 볼 문제라 하겠다.

반 삼성이 비 애국인가?

한 때 메기론을 조직에 접목시키고자 정신없을 때가 있었다. 강한 자가 살아남는 게 아니라 살아남는 자가 강하다는 적자생존 및 자연도태의 바이블처럼 고 이병철 삼성회장의 메기이론은 기업분야, 교육분야, 사회분야를 뛰어넘어 가정교육에까지 못 끌어들여서 안달들을 했다. 그런 결과였을까. 이제는 정치 분야를 뛰어 넘어 국제 외교 분야에까지 그 풍조가 만연해 가고 있다는 생각이다.

여기서 미리 짚고자 하는 것은 감상적 패배주의에 기인한 바가 전혀 아니라는 것이다.

개인과 기업, 국가와 민족이 돈으로 이기고, 지배하고, 주도하는 것에 대한 비판이 천박한 질시 정도로 폄훼 되고 있다. 건전한 비판이 배제 된다는 점에서 앞으로 삼성의 장래가 어둡게 될 것이라는 충고를 아랑곳하지 않는 것이 가장 큰 병폐임을 미리 말해 두고자 한다.

엊그제 세계 최고수준의 뉴욕타임즈에 삼성에 대한 관련 뉴스가 나왔다.

뉴욕타임스는 25일 '삼성은 한국에서 신성불가침의 회사면서 동시에 믿을 수 없는 회사로 취급된다'고 한국의 김용철 변호사의 책 '삼성을 생각한다.'를 상세하게 소개했다. 뉴욕타임스는 '이건희 회장은 탈세와 배임 등의 혐의로 유죄를 인정받았지만 집행유예로 풀려난 뒤 특별 사면까지 받고 삼성전자 회장으로 복귀했다'면서 '언론과 사법당국은 면

죄부를 줬지만 김용철 변호사가 제기한 여러 문제들은 풀리지 않은 채로 남아있다'고 지적했다.

이 기사의 댓글에는 **'삼성은 회사가 정부나 나라보다 커질수 있음을 허용할 때 벌어질 수 있는 한 사례'라면서 '미국도 이대로 가면 언젠가 대통령이 골드만삭스 CEO를 사면해줄지도 모르는 일'이라는 내용이 달리기도 했다.** 이 기사는 뉴욕타임스의 글로벌판인 인터내셔널 헤럴드 트리뷴 사이트에 머릿기사로 걸리기도 했다.

미국에서 일어난 가십거리가 무슨 깜냥이 되겠냐고?

물론 그랬었지요. 한국이라면 못할 게 없겠지요, 수많은 검찰, 언론에 정기적으로 떡값을 돌리고도 모자라서 불, 탈법을 저질렀음에도 사면을 받았으니 그 무소불위에 말을 더해 무엇 하겠는가. 그러나 꼭 그렇지만 않다는 게 얼마 전 도요다가 보여주고 있지 않는가,

도요다에 문제가 생기고, 그게 커지기 시작하자 그게 도요다 문제로만 끝나던가. 일본제품, 나아가 일본의 국가신용도까지 불과 수일 만에 곤두박질쳤던 사례를 기억하고 싶지 않다는 것인가?

개인과 기업이 잘못하면 엉뚱한 또 다른 개인에게 피해가 갈 수 있다는 걸 보여주고 있지 않는가. 다른 미꾸라지 다 잡혀먹어도 자기만 살아남겠다고 하는 것이나 자나 깨나 자신의 회사만 키우겠다는 기업문화는 쟝글의 법칙과 다를 바 없다.

어느 해 명절이었던가. 두루두루 둘러앉아서 가족형제가 오랜만에 오손도손이었다. 돈 없어 개업 못하고 페이 닥터로 관계병원에 근무 중인 의사동생이 동네 개업의 동기들 운영

이 안 되는 심각함을 먼 동네 이야기처럼 한다. 삼성관계 무슨 연구소에 연구원으로 있다는 조카사위는 머리에 쥐가 나도록 며칠간 스파르타식으로 숙식한다는 무용담을 늘어놓는다. 나이 40이 갓 넘자마자 은행에서 나와 제수씨와 작은 가게를 하고 있는 막둥이 동생이 슬그머니 자리를 뜨자, 명색이 선생이라는 여동생입에서 가난하고 게으른 애들은 부모들도 똑 같더라 는 폭탄발언이 터져 나왔다.

가만히 듣고 있자니 그렇고, 나서서 가족 간에 교통정리한다는 것도 너무나 어처구니없는 그때의 당혹스러움을 지금도 기억하고 있다.

그렇다. 모내기를 끝낸 논에 미꾸라지 치어를 방류해서 요즈음으로 치면 유기농을 했던가 보다. 어느 해부터인가 미꾸라지의 천적인 메기 몇 마리를 논에 풀어 놨더니 가을에 미꾸라지가 예전보다 훨씬 통통하더라는 얘기를 어린 이건희에게 가르쳤다는 소위 고 이병철의 메기론.

그동안 메기에게 잡혀 먹힌 미꾸라지의 숫자는 얼마며, 잡혀 먹히지 않기 위해서 밤낮 메기 피해 다니는 데에 일생을 바쳤을 살아남은 미꾸라지들.

가두어진 미꾸라지를 잡아먹고 세상에 자기들밖에 없을 것으로 살았을 메기들, 모두가 자신들의 가까운 미래를 짐작하기는 어차피 힘든 게 아닐까.

두 가지를 한 논에 집어넣고 나서 위에서 내려다보고 있다는 사실을 알 턱이 없을 테니까.

김용철변호사의 지적을 반 애국적인 시각으로 보는 사람이 있다면 그가 바로 비애국자임을 알아야 할 것이다.

백팔번뇌

"골프는 누가 만들었을까?"

"하느님이!" "왜?"

"고통을 주려고…"

신앙의 신비여! 고통 속에서 참 신앙이 잉태한다는 것은 새삼스러울 일이 아니다. 그런 우스갯소리로 고통(?)을 달래며 잘 다듬어진 필드를 걸으면서 우정과 추억을 나눈다.

골프에 관한 이야기 소재는 누구에게나 헤아릴 수 없을 정도로 많다.

왜 그럴까, 그 이유도 골프장의 디봇(잔디 떠낸 자국)만큼이나 많아서 '이것이다' 짚어서 얘기하기가 쉽지 않다.

스포츠인가 싶다가도 오락이요, 비즈니스였다가 문화콘텐츠가 되기도 한다.

신선놀음에 도끼자루 썩는 줄 모르게 하는 게 '바둑'이라고들 하는데, 몰입이 시간관념을 흐리게 하는 것만은 사실이다.

골프하는 너덧 시간 동안은 그 이유가 뭐가 되었든지 간에 훌쩍 지나간다. 몰입에 실패하면 골프가 마음같이 되질 않는다. 타이거 우즈도 사생활 문제가 발생한 이래 우승을 못하고 있는 것이 우연은 아니다.

골프를 이루고 있는 근간은 크게 기술적인 면과 정신적인 면으로 양분해 볼 수 있는데 노력을 통해 어느 정도는 극복 가능하다가도 유달리 행운적 요소에 의해서 기록과 순위가 바뀌는 특이한 스포츠다.

여기에다가 룰은 있되 심판이 없다는 것은 무엇을 의미하는 것일까,

흔히 자신이 심판이라고 하는데, 자기가 하고 싶은 대로가 아님은 골프채 잡는 순간부터 귀가 따갑도록 듣게 된다. 제반 기술과 운용을 하드웨어라하여 연습하고 노력하여 일종의 성취감과 스포츠로서의 쾌감을 높이려고 하는 부문과 더불어 함께 플레이하는 멤버들과 교제와 친목을 곁들일 수 있는 게 골프다.

스코어 향상을 위해서 각자 보이지 않는 노력을 다해 보지만 시작 2~3년의 스코어가 평생을 간다는 게 정설이다.

아무리 재미있는 놀이라 하지만 실증이 날 수도 있고, 노력을 해도 스코어개선이 안되면 좌절 할 수도 있기 때문에 뭔가 돌파구를 찾는다. 그래서 일종의 갬블적인 요소를 가미하게 된다.

프로 지망생들에게도 맨탈의 강화를 위해서 비슷한 경우가 있다는 소문을 듣곤 한다.

그 때문은 아니겠지만 가족들끼리 플레이를 하더래도 '내기'가 없으면 재미가 훨씬 덜하다.

그래서 '골프'하면, 내기부터 연상하게 되고, 그것을 의식해서 연습도 더 하고, 긴장과 압박도 느끼면서 각 나름의 '골프문화'를 형성해 가게 된다.

엊그제 선배 한분이 가게로 찾아오셨다. 은퇴 하신 지도 오래 되서 이제는 직업이 골프일 만큼 거의 매일 골프를 치시는데 골프를 줄이고 다시 비즈니스로 복귀하실까 한단다.

올랜도에서 친구들과 함께(2010년)

이민 와서 정말 힘들게 일하시고, 자녀들 훌륭하게 건사해서 노년과 여생에 무엇이 부러울까 하는 분이신데, 배려와 매너가 없는(?) 동반자들 때문에 속상하셨나 보다.

"형님 핀홀의 지름이 얼마인지 아시죠?"

무슨 말을 하려는지 알아들으시고 빙그레 웃으신다. 미터법을 쓰는 영국에서 최초로 시작되어서인지 골프 홀의 지름은 108미리미터이다.

"백팔번뇌에 빠지셨군요."

하느님으로 시작해서 부처님을 아우르는 천변만화의 라운딩이지만 골골마다 아름다운 주말이 되기를 바란다.

석메달, 목메달

생전에 1등을 해 본 기억이 별로 없다.
학생 때로 치면 물론 학업성적일 테지만, 운동회 때 달리기도 있고, 노래 콩크르며, 그림 그리기 등에도 부르는 호칭만 다를 뿐 순위가 매겨지고, 평가받고 그 결과로 인하여 거듭나기를 반복하며 발전을 꾀하는 게 일반적이다.

그다지 크지 않는 시골학교였지만 그것도 같은 반에 전교 1등, 그는 중학교 때까지 줄곧 1등만 하다가 고등학교를 서울로 간 뒤로 소식이 없었다. 그는 대학3학년 때 고시에 합격해서 지금도 차관급고위공직에 있다. 친구 때문인지 노력부족인지 모르겠으나 공부로는 도저히 따라잡을 수가 없었다.

축구도 해보려고 무진 애를 써 봤지만 대학축제 때 단과대 대표로 뛴 게 고작이다. 달리기 8명중에서도 1등을 못해봤으니 될 턱이 없는 거고, 고등학교 때 미술시간에 손재주있어 보인다며 지역예술제 참석해서 무슨 상을 받긴 했는데 그것도 특선은 아니었다.

음악시간이 없던 고등학교 시절이라 음계표도 제대로 보지 못하지만 가곡이라도 한곡 뽑을라치면 시골출신이라서 그런지 몰라도 육자배기 가락이 섞여 나오다 트롯트로 변질되어버리고 만다.

학창시절을 거쳐서 직장에서는 특별하고 조심스럽게 평가가 내려지는데 드러내 놓은 이벤트성 업무에서도 꼭 정상 바로 아래가 내 자리였다.

일생에 장식할 만한 타이틀이 별로 없지만 남하는 건 다 하고 싶어서 무엇엔가 매달려 보지만 딱 부러지게 내놓을 게 없는 화상이다. 다소 산만하지만 다양한 취미에 색갈이 없는 것이 나 자신에 대한 스스로의 평가다.

그래서 1등과 특별한 재주를 갖고 있는 사람을 올려다보게 되고, 자녀들로 하여금 특출나기를 바라는 한국형 부모의 전형이다.

그리고 미국으로 이민을 왔다. 전 생애를 통해 못 이룬 1등을 향한 집착이나 화석화 된 1등지상주의의 굳은살들이 서서히 벗겨지는 느낌이 해가 다르다

교과서대로 자녀들의 생각을 있는 그대로 받아들이려 하는 것이며, 무엇을 했느냐 보단 어떻게 했느냐에 관심을 두게 되는 게 억지로는 아니고, 그 무엇이 50중반의 대단한(?) 고정관념을 변하게 했을까 문득 놀란다.

밴쿠버 동계 올림픽에서 인고의 노력으로 깜짝 놀라게 한 우리의 자녀들이 각 종목에서 이룬 쾌거를 먼 이국땅에서 가족들과 만끽하면서 아들에게 살며시 묻는다. 현재까지 금메달 몇 개냐? 그러면 몇 등이냐? 옆에 있던 딸아이가 그럴 줄 알았어, 하고 핀잔이다.

그런데 미국 텔레비전에는 왜 금메달 순위가 아니고 총메달 획득순위로 할까? 한국매체들은 일제히 금메달 순으로 순위를 정하고 그게 나한테는 훨씬 자연스럽게 보이는데…

그리고 그전에도 올림픽에서 느꼈던 일이지만 한국은 은, 동메달 숫자보다 금메달이 더 많아 다른 나라와 비교해서 약간은 기형적인 메달분포가 굳이 나쁠 건 하나도 아니지만 무언가 어림잡게 불필요한 연상을 하게 만드는 건 나만 그

럴까? 수많은 또래 체급 중에서 1등과 3등 차이가 나면 얼마나 날까?

적어도 미국 텔레비전 해설을 정확히 이해할 순 없어도 어떤 기록을 남기느냐, 개인적으로 얼마나 메달획득을 계속 이어갔는가, 해당종목에서 메달권에 진입했는가, 그리고 그 수준을 연이어 가느냐? 포커스가 보다 다양한 느낌을 받는다.

초등학교 운동회 때 해질녘 제2의 손기정 선수를 꿈꾸며 왕복10리, 20리 마라톤에서 석메달도 아닌 목메달을 목에 걸고 뒷잔등을 넘어오던 우리동네 정실이형의 당당함을 얼마나 부러운 눈으로 바라봤던가!

포도나무에 포도가 열리다.

"그럼 포도나무에 땡감이 열릴 줄 알았냐?"

3년 전 돌아가신 우리 어머니가 글 제목을 보셨다면 당박에 역정을 내셨을 것이다. 꽃씨를 뿌릴 것인가, 꽃모종을 사서 심을 것인가, 꽃을 살 것인가.

채소 씨앗을 뿌릴 것인지, 채소모종을 할 것인지 매 봄마다 고민되는 게 미국의 단독주택생활이 가져다주는 작은 행복이다.

모두가 아다시피 한국에서야 꽃과 채소, 과일을 재배하고, 씨를 뿌린다는 게 생소한 말이 된 지 오래여서 자라나는 학생들에게 그 의미를 묻는 것 자체가 부질없게 된 지 이미 오래다.

대게의 미국 집들은 카운티의 조닝과 커뮤니티와의 조화를 고려하여 건축허가가 나고, 거기에는 이웃집과의 이격거리와 입주자의 편의적 공간을 위해서 집주변에 여유 공간들이 많게 마련이다. 대부분의 미국인들은 잔디와 나무, 그리고 울타리 조경과 나무로 주변정리를 하고 건물주변에는 화단을 조그맣게 만들기도 한다. 아내는 일찍이 조경을 전공했고, 나무와 꽃에 대한 조예가 나와는 비 할 바가 아니다.

그렇더라도 삽자루 쥔 놈이 십장이라고 심고 뿌릴 때마다 다툼이다. 흙을 모르고 앉아서 그림으로 화단 만드는 것 보다는 꽃 한 송이 사와서 화병에 넣는 게 실용적이고 편리하겠다는 것이 나의 주장이고, 아내는 나 같은 사람과는 말할 상대가 안 된다는 판단인지 이 나무 저 꽃씨를 사다 나른다.

문 앞에 사다놓은 나무나 화분을 적당하다고 생각되는 곳에 심거나 배치하는 일은 당연히 내 몫이지만, 다음날이면 여지없이 다른 곳에 심어져 있는 게 다반사다.

집에서 기르는 강아지도 그렇지만 꽃씨를 뿌리거나 채소씨를 뿌리거나, 또는 작은 묘목 하나를 심어 놓더라도 거름주고, 물주고 돌보지 않으면, 죽거나 시들기 마련이다. 간신히 살아나더라도 심을 때의 기대에 비하면 형편없다.

사가지고 온 마음과 키워나가는 보람을 다치게 하지 않게 하려고 아침저녁으로 물을 주고 지지대 세워주는 일이 보통 귀찮은 일이 아닐 수 없다.

그럴 때 마다 저놈의 상추 그 돈 주고 사다 먹었다면 먹다가 죽고도 남겠다는 투정도 하루 이틀이다. 날이 갈수록 나도 모르게 잦아드는 건 키우는 보람, 커가는 기쁨이 여간 아니다. 무심코 상추 한 다발 사다가 그냥 입에 넣는 것과는 달리 닿는 감촉과 맛이 사다가 먹는 것과는 비할 바가 못 된다.

3년 전엔가 풀은 아닌데 죽어 비틀어진 나뭇가지 몇 개를 화단 모퉁이에 아내가 심고 있었다.

"그게 뭔데?" "알아서 뭐하게"

알고보니 포도나무 묘목 4그루를 심었던 것이다. 이윽고 싹이 돋고, 잎이 피어나 넝쿨이 힘차게 뻗어 나갔다. 지지대가 없는 꽃밭에서 포도나무가 자라나고 설 땅이 마땅치 않아서인지 아내는 한그루를 놀러 온 친구 부인에게 건네주고 세 그루를 옆집울타리로 옮겨 심었다.

한해가 지났다. 아무것도 없었다. 그냥 뻗어나가는 왕성한 잎사귀만 있을 뿐, 해가 바뀌었다. 두 송이의 포도가 포도나무임을 겨우 알리고 나니 여물기도 전에 토끼인지 다람쥐가 훔쳐 갔다.

그리고 올해가 3년째다. 헤아릴 수 없는 조그만 포도알갱이들이 가지가지마다 주렁주렁이다. 작물학에 대해서 하나도 모르는 문외한이지만 열려도 너무 많다. 솎아내면서도 기분이 좋다.

이것이 자연의 섭리가 가르치는 숙성의 원리이자, 진리다. 이 위대한 섭리들을 사람이 감히 얄팍하고 간사한 마음으로 어찌 이루어 낼 수 있단 말인가.

우리들의 아주 조그만 꿈들도 3년 전에부터 소망했던 결실들이라는 생각이 갑자기 들 정도로 무엇이든지 급하게 서두르면서 살아왔다.

2012년은 노대통령의 서거 3년째다.
그러고 보니, 씨 뿌리고 모종하기에 또 다시 바쁘지 아니한가, 우리들은?

소외된 소수, 그 쓰라린 실패의 아픔

살다보면 스스로 부끄러워 몸서리쳐지는 일이 누구에게나 있을 수 있다.

32년도 지난 오래전의 일이지만 명분에 비해 그 실패로 인한 좌절감이 아직도 머릿속에 남아 있는 지극히 개인적인 일이 하나 있다.

1977년 대학 1학년을 마친 겨울방학 초엽에 흥사단 아카데미 동기 중 어느 여학생이 보람 있는 일을 하자고 제안을 했다. 2개월 남짓한 방학기간 동안에 불우이웃돕기와 갱생교육을 겸할 수 있는 좋은 자원봉사처가 있으니 우리가 그 일을 한번 해 보자는 제안이었다.

시내 변두리지역에 위치한 갱생원이었다, 지금으로 치면 홈리스들 모아서 사회적응훈련을 하는 곳이라고 볼 수 있는 곳이다.

어디서부터 무엇을 해야 할지를 몰라서 초기에 방향을 잡는 데 시간이 필요했으나, 뭐가 그렇게 급했던지, 그리고 얼마나 아는 게 많다고 "실천이 뒤따르지 않는 지성은 생명없는 지식이다"는 거창한 구호 아래 한참 뒤늦게 그 일에 뛰어 들었다. 나는 우선 현장부터 보고 싶었고, 현장에 가보니 오갈 데 없는 20여명이 허름한 창고건물에 생활하고 있었다. 말이 좋아 갱생이지 넝마주이로 그날그날 생명을 연장해 가고 있는 소위 '양아치' 소굴이라고 해야 옳은 곳이었다.

뭔가 해 보자고 큰소리는 쳐 놓고 왔으나 그 당시 우리 힘으로 어디서부터 어떻게 해야 할지 도저히 감이 오질 않았다. 할 수 있는 것을 찾다보니 중학생 또래부터 20세 미만의 젊은 친구들 10여명을 대상으로 검정고시 대비 야학을 하기로 결정하고 사범대 학생 3~4명을 중심으로 학사편성을 하여 하루 두 시간씩 주 3회 가량 야학을 시작했다.

다른 사람들에게는 기억도 희미할 사랑의 집 의 시작이 그랬다.

사랑의 집 원생들과 함께(1978년)

기금 마련을 위해 졸업식장 앞에 모두 흩어져서 꽃다발을 팔고, 일일다방을 하고 회비를 갹출해 가면서 몇 군데에 도움도 청해 봤지만 기대를 했던 게 잘못이었다.

뚜렷한 성과도 없었지만 사회로부터 버림받은 저들과의 처음 약속을 버리지 못하는 나약함이 그 일을 1년간 지속하게 했다. 열악한 위생환경과 교통, 빈약하고 합목적성이 결여된 프로그램으로 나중에는 나와 최인숙(사범대 여학생) 단둘이 이끌어가는 상황에 이르고, 원생 중에 한명인 조영래가 폐결핵으로 사망하는 일이 생긴 뒤에 그 일을 접게 된다.

세상에 태어나서 스물도 못된 나이에 어디서 태어났는지도 모르고 세상언저리를 배회하다가 병마로 길거리에 쓰러져 죽은 젊은이의 얇은 널빤지 관을 앞에 놓고, 막연했던 기도와 찬송을 부르던 순간을 나는 영원히 잊을 수가 없다.

애시 당초 빵이 필요한 사람들에게 무슨 방정식이 필요하고, 나랏말도 아닌 영어가 무슨 소용이겠는가,

그저 부모 잘 만나서 대학가방 들고 거들먹거린 죄책감과 능력도, 의지도, 계획도 없이 시작한 일의 끝이니 비참하기 짝이 없었다.

보람 없이 끝 난 부끄러웠던 그 일처럼, 최고나 정상과는 거리가 먼 나의 짧은 인생이지만 이 일로 인하여 항상 소외된 소수에게 시선이 머물게 되고, 승자의 편에 서서 환희를 구가하는 데에는 아직도 어색하기만 하다. 패배한(?) 소수의 목소리와 그들의 숨결에 다가가는 것이 자연스러운 나의 인생 궤도가 된 것은 그 때의 경험 때문이라고 할 수 있을 것이다.

생떼같이 취급받고, 억지와 반대만 하는 듯이 매도당하는 현장, 정신대할머니문제와 용산참사 피해자 가족, 나아가 독도문제와 팔레스타인문제가 그것이다.

이미 지난 일이 되었지만 언론법 개정을 다수의 힘으로 밀어붙일 때에 국회에서의 난투극은 비난받아 마땅하다 하겠으나, 왜 그렇게 까지 하지 않으면 안 되었을까? 이 또한 같은 맥락으로 이해하려 한다.

강자의 역사에 약자들, 거기에서도 소외된 소수는 이 사회에서 어떤 의미를 우리에게 던지는가.

최근 워싱턴 한국일보에 기획 연재되고 있는 '양극화, 대한민국이 갈라진다.'는 우리에게 커다란 숙제의 현장을 짚어주고 있다.

이건 윤리도 도덕도 없다. 살아남은 자가 도덕이요 가치다.

기업 현장에서 상생이란 비웃음의 대상이 된 지 오래고, 끝없이 추락하는 다수의 서민 고통은 임계점을 지나도 그건 각자의 몫으로 관심대상이 아니다. 비단 한국에 국한된 문제가 아니라고 해서 지나 칠 일인가.

소외된 다수는 사회의 위기지수를 폭발적으로 끌어 올려서 사회 통합의 제일 저해요소로 작용한다. 그 발단은 소외된 소수의 보호 유무에서 시작된다.

이렇게 소외된 소수에 대한 참작과 배려가 없는 사회에서는 갈수록 문제 회피적인 군상들만 교육되고, 실패와 낙오를 피해 가기 위해 엄청난 보이지 않는 사회비용을 지불해야 할 것이다. 그런 사회가 건강할 수 없는 것은 너무나도 당연하다.

젊었을 때 개인적으로 겪었던 아픔이 되풀이 되지 않기를 진심으로 열망한다.

카네이션을 꼽지나 말든지 하루라도 쉬든지…

그날만은 주름진 얼굴에 희미한 미소가 살아난다.

"어머님 감사합니다." 누구에게 받아 앞가슴에 매달았는지 모를 분홍색 모조 카네이션이 덩그렇고 크다.

그리고는 다시 엎드려 일을 하는 손놀림이 바쁘기만 하시다.

건너가게 할머니는 두 개나 양 가슴에 달고 카네이션처럼 싱글벙글하신다. 단지 꽃 하나 달았을 뿐인데도 사랑이 넘치고 은혜가 풍성하다.

날마다 기리고 생각하는 것이 자식뿐인데도 그날만은 자식이 어머니를 그려보는 날일 것으로 여겨지시니 그럴 수밖에, 그보다 더한 기쁨이 어디 있을까!

하루 더 일하신다고 팔자가 늘어질 것도, 하루 좀 쉰다한들 어디 폭삭 망해 버릴까마는 이 땅의 모든 어머님들은 그 하루도 편히 쉬는 게 죄스럽다.

'먹고, 자고, 일하고' 다음날도 그 다음날도 '먹고 자고 일하고' 안 먹으면 죽으니까 그렇고, 못자면 일을 지속 할 수가 없으니 먹고 자는 것은 생물학적인 삶에 지나지가 않다.

그렇다면 어머니가 하는 일, 헤아릴 수 없는 많은 일 속에

파묻혀 살았던 그 일들을 하면서 오직 머릿속에 바램은 '자식들의 미래'다. 지금 자신의 상황과 처지보다 진일보 된 모습의 투영, 그 가느다란 희망을 놓지 못하고 끈질기고도 모질게, 어쩌면 눈을 감는 순간까지 붙들고 있을지도 모른다.

살아보니 그렇다. 자식들을 낳아 기르면서 점차 나이가 차고 독립시켜야 될 시기가 도래하면서 내가 저 나이 때에 가졌던 부모님에 대한 생각과 지금의 내 자식들이 나를 어떻게 볼까 생각해보곤 한다. 뚜렷한 이유 없이 그 두께가 얇아져 버린 부모 자식 간 마음의 두께를 단지 세태랄 수밖에 없는 것인가,

그도 그럴 것이 다가올 미래에 대해서 막연한 두려움들을 잔뜩 느끼고 있을 그들이기에 부모 돌아 볼 시간 있다면 자식들 앞길만을 재촉해야 했던 30년 전의 어머니가 문득 내 안에 자리하고 있음을 안다.

그렇다. 신자유주의, 자본권력을 앞세운 새로운 패러다임이 알게 모르게 벌써 가정의 부모 자식사이에까지 깊숙이 들어와 있다.

탈락에 대한 공포, 승자독식, 패자부활전이 없는 인생, 무한경쟁, 뒤돌아보면 너무나 순진하게 살아온 세월이다. 착하게 살라고 가르치며 이 거대한 파도를 뛰어 넘을 재주를 못 가르친 회한과 구명보트하나 그들 앞에 던져줄 수 없는 초라한 가슴에 달아 준 카네이션 꽃이라도 감지덕지 할 따름이다.

꽃을 달고 일을 할 수밖에 없었던 30년 전의 그 가게 할머니의 미소마저도 그립다.

박수치는 사람, 박수받는 사람

나는 박수를 잘 친다. 박수 칠 일들이 많아서가 아니라 가급적 박수를 친다. 멀어서 들리지 않을 상황에서는 마음속으로 박수를 친다. 원래부터 그런 건 아니었었는데 언제부턴가 그런 사람이 되었다.

릴테이프의 안쪽처럼 기억에 없는 일이지만 들리는 말로는 어렸을 때 3번 정도 죽었다 살아났다고 한다. 그래서였던지 항상 허약했던 반면 가을 운동회 날 기마전 청백전에서 등에 대장 깃발을 단 우리 동네 병희는 일생에 영웅으로 기억하고 있다.

몸이 따르지 않으니 자신감은커녕 누구와 부딪칠까 염려하는 세월 속에 어린 시절을 났다.

중학교에 진학을 해서도 키가 작아 앞줄이오. 아래학년인데도 키 큰 애들을 버겁게 느꼈다.

공부는 한다고 하다가 중3 때 3개월을 아파 누워 있었으나 용케도 광주로 진학을 했던 게 다행이었다.

16살이 되었지만 제 몸 하나 추스르지 못하는 아들을 김치동이 들려서 버스로 다섯 시간 거리의 자취방에 혼자 남겨두고 돌아섰을 아버지를 생각해 본다. 다른 선택의 여지가 있을 수가 없었다.

전기불이 있는 광주였지만 밤에 나가면 깡패 만난다고 귀에 못이 박혔으니 연탄불에 밥해먹고 문풍지 우는 처마밑 쪽방 이불속에서 어머니를 그리며 잠을 잤다.

15원에 타는 시내버스는 어떤 사람이 타는지 몰랐고, 사거리 신호등에 늘어선 차량의 행렬이 대도시 수돗물 세계에 살고 있다는 것을 실감나게 했다.

어쩌다 친구 따라 개봉관이던 무등 극장엘 갔다. 입장료가 10원짜리 단체관람에 비해 학생조조할인인데도 40원이나 했다. 영화가 끝나면 화장실에 잠시 피해 있다가 다시보고 하기를 몇 번, 밖에 나와 보니 어둑어둑했다. 배가 고팠지만 배고픈 줄도 모르고 봤던 영화 '정무문'.

학교 태권도반에 당장 등록하고 인생을 고쳐버리자 다짐했다. 머릿속에 온통 이소룡의 돌려차기, 스냅과 기합, 예측 불허의 고난도 발차기로 가득했다.

붉은 띠를 두르면 '뵈는 게 없다'고 하는데 정말 그랬을까? 검은 띠 승단심사를 며칠 앞두고 친구와 집 부근 골목길을 가는데 불량 끼 있는 여학생 3명이 만만하게 보고 시비를 하는가 싶더니, 저쪽 골목에서 츄리닝 입은 깡패(?) 3명이 뛰쳐나왔다. 순하디 순한 기동이는 저만큼 물러있고 3:1의 싸움이 순식간에 벌어졌다. 병원 갈 정도는 아니었지만 엄청나게 깨져 버렸다.

젊었을 때 몇 차례 개인적인 격투(?)가 있었지만 그 뒤로는 한 번도 져보지 않았다.

물론 상대를 골라 가면서 했겠지만…

체력이 바뀌면서 그동안 보이지 않던 것들이 눈에 들어오기 시작했다. 동명동 부잣집 골목들을 날마다 지나다니면서 어떤 사람은 이렇게 호화롭게 살고 어떤 사람은 시골에서 농사만 짓고 살아야 하는가.

인접한 명문 전남여고생들은 졸업하고 대학교라는 곳을

고등학교때 태권도 2단 옆차기

간다는데, 내 가방 속에는 영어책, 수학책 대신에 제도기, 실습복, 공구들만 들어 있었다. 그나마 수업 끝나면 운동하고, 2년 후면 내 앞에 뭐가 놓여지고, 나는 어디에 있을까?

마음이 뛰기 시작했다. 전남여고 옆 대입 청산학원에 찾아갔다. 아는 게 있고 배운 게 있어야 따라가든지 말든지 할 게 아닌가, 학비외의 추가지출 때문에 시골에 있는 네 동생과 부모님의 얼굴이 아른거린다.

첫해 대입 예비고사에서 커트라인 탈락했다. 이듬해 우여곡절 끝에 대학에 붙어 남들이 하는 서클에 들어갔다. 멤버들이 학과 공부뿐만 아니라 놀라울 정도로 재기재능이 다양하고 특출 나서 말 한마디 하는데 반년의 세월이 흘렀다.

남들 모두 한다는 고등고시 1차 문턱도 들어서보지 못했고 되는 게 하나도 없다. 나이 30이 되도록 박수 받고, 갈채 속에서 희열을 느끼는 사람들은 별종 같아 보인다.

결혼을 하고나니 나에게도 박수를 보내는 사람이 생기고 숫자가 늘어났다. 잘하는 것도 있겠지만 잘못해도 박수쳐주는 사람들, 바로 가족이었다.

높은 경영진의 문턱 앞 좌절로 한국에서 직장을 접었을 때도 그들은 내게 마음의 박수를 보냈을 것이다. 거의 무계획적인 이민 결정과 떠나기 불과 보름을 남겨놓고 고1, 초등5학년이던 딸 아들을 앉혀놓고 "아빠와 같이 떠나자"했을 때도 두려움과 망설임 속에서 박수를 보냈을 거라고 생각한다.

그럴 때 보내주는 응원이 무엇인지를 안다. 진정한 마음에서 박수를 보내지 않으면 박수 받을 자격이 없다는 것도 함께 느끼면서…

오늘도 아주 조그마한 일이라 해도 박수를 보낼 준비가 되어 있다. 값싼 동정의 박수를 구걸하지 않겠다는 이론도 나의 박수로 묻고 가고자 한다.

제2부

민족의 통일꾼

목숨을 건 18명의 서약과 그 후의 중국

1970년 어느 초봄날 밤. 중국의 한마을에서 18명의 가장들이 촛불 앞에 앉아서 죽음의 서약을 한다.

하나, 땅을 나누자.

둘, 마을밖에 세어나가지 않도록 하자.

셋. 처벌당하면 남은 자녀를 남는 자들이 18세까지 책임지자.

그로부터 30여년이 지났다. 세계 경제의 축으로 등장한 21세기 중국현대화의 단초가 된 이 사건은 크게 알려지지 못한 채 오늘에 이르고 있다.

1948년 2차 국공합작 이래로 50년대 대약진운동과 60년대의 문화혁명, 70년대 인민공사를 거치는 동안 5000만명이 굶어 죽었다.

공동생산. 공동소비의 유토피아를 내세웠으나 각 생산단위마다 정치투쟁에 내몰리다보니 마을 사람끼리 서로 싸우고 고발하고 땀 흘려 일 해봐야 자기에게 돌아올 게 없어서 노동생산성은 현격히 저하되어가고 있었다.

실핏줄 같은 농촌 끝자락인 안후이성 샤오 강촌에서 '인민이 굶어 죽는 사회주의는 거짓사회주의'라는 인식이 싹텄고, 오로지 한길 '살기 위해서' 18세대가 사는 조그만 산골동네의 가장들이 죽기를 각오하고 맹세를 했던 것이다.

땅을 나누어서 경작하고 가을에 공출은 공동으로 정확하게 상납하자는 게 주요 골자였다.

이렇게 서약하고 농사짓기를 몇 년. 최악의 자연조건에서 이웃부락에 비해 4배의 증산을 이룰 수 있었고, 이것은 식량생산의 기적으로 받아들여지기에 충분한 대 사건이었다.

샤오 강촌의 기적 같은 농업혁명은 안후이성의 제 1서기이자 후에 등소평의 오른팔이 된 완리(萬異)에게 전해지고, 모택동 사후 흑묘백묘론을 대내외에 표방해 오던 실용주의자 등소평에게 전해졌다. 그 후 등소평은 중국공산당 간부들에게 이 사실을 말하고 자신의 농업정책의 근간으로 하여 중국의 농촌모습을 일시에 바꾸어가기 시작했고 그로부터 8년이 지난 1978년 일부사유재산을 헌법에 수용함으로써 '사회주의 상품경제'라는 독특한 경제 형태를 오늘까지 지속해 오고 있다. 이런 숨 막히는 소용돌이가 필연일까? 우연이었을까?

우선, 이 사건은 필연적인 관점이 우세할 듯하다. 변화를 수용하지 못하는 국가나 기업, 개인은 도태되는 것이 당연하다. 도태, 퇴보되지 않기 위해서는 보다 유연한 사고와 혁신적 수용 태세가 요구되어진다, 당시 중국에서는 수많은 샤오 강촌이 태동하고 있었을 수도 있었고, 보다 먼저 형태를 달리하는 시도 또한 있었을 수 있다. 완리와 등소평으로 이어지는 실용주의 라인의 굳건한 신념의 뒷받침이 없었다면 이는 불가능했을 것이다. 그들 또한 매우 조심스럽고 정적으로부터의 엄청난 모험을 각오했기에 가능하였다. 소아를 버리고 대의(大義)를 따랐다. 死卽生이었다.

자칫 중국 시골 동네에서 영원히 묻혀 버릴 수 있었던 변화와 개혁. 개방의 실마리가 지방 관리의 목숨을 건 수용태세에 이은 상부보고. 최고 리더의 시대를 뛰어넘는 혜안과 용단이 21세기 현대중국의 위상을 가져다 준 것이다.

개혁 · 개방, 이제는 진부하다 못해 피로를 느끼게 된 작금에 다시 회자되는 것은 아직도 지구상에 필요한 곳이 있어서 일진데 개혁 개방에 대한 이야기만으로도 경기를 일으키는 극소수의 집단에게서 이러한 필연을 대입한다는 게 무리일 것임은 물론이겠지만 설마 우연이라도 기대할 수가 정녕 없는 것일까?

현재 북한사회에 수많은 샤오 강촌들이 존재한다 하더라도 완리 역할을 할 사람이 반드시 필요하고, 수많은 완리가 있더라도 최고리더의 생각 한 조각 움직일 수 없다는 게 같은 21세기를 걸어가는 북한의 실정임을 생각할 때 더욱 더 남의 일이 아니다.

2000년 중국 상해 푸동지구를 보면서 '천지가 개벽했다.' 고 놀라지만 말고 왜? 필연적 연유를 조금이라도 관심 갖고 주의를 기울일 것을 기대해 본다.

발가락이 닮았다. 눈물겹고 처연하다

천안함, 왜 하필 천안함인가.

능수나 버들이 흥~흥, 천안삼거리로 더 유명한 천안, 고속도로휴게소에 들러 간단한 요깃거리로 호두과자를 즐겼다.

속에 호두가 들어있는 것 같지 않은데 겉모양이 호두같이 생겨서 호두과자로 부른다. 호두과자 중에서는 천안 호두과자가 제일 맛있다. 원래가 이정표 있는 갈래 길 주변은 인심이 후할 수밖에 없는 것이 지정학적 특수성이다. 한국의 충청도가 지니는 지리학적, 사회경제학적인 특성은 정치적인 이해관계를 가장 민감하게 보이는 지역이다. 그러면서도 절대로 속내를 쉽게 드러내지 않도록 강제되고 절제된 상황을 지닐 수밖에 없다.

그것은 정치적 이해관계가 개입되면 더욱 첨예해진다. 특히 선거철이 되면 자의든 타의든, 아니면 애써 그런 구도를 탈피해 보려고 해도 결과는 여지없이 그렇게 맞아 떨어져 놀라게 된다.

해군에서 군함을 진수하고 함대명칭을 어떻게 명명하는지 잘 알지 못한다. 이번에야 함대명칭에 지명들이 있다는 걸 알게 되었고, 3월 26일 밤에 숨 가빴던 서해 백령도부근에서의 긴급타전마다 천암함이라는 함대가 침몰했다는 소식을 접하고 나서 참으로 복잡 미묘한 예감이 순간 스쳤다. 그리고 사건발생 한 달이 훌쩍 흘렀다.

천안함은 지금도 말이 없다. 수많은 사망자 실종자가 발생했다. 대형사고 뒤에는 생존자의 진술과 역할이 사건규명의 열쇠가 되는 게 상식중의 상식인데도 이들 또한 천안함이 함축하는 숙명처럼 극도로 말을 아끼는 건지 못하는 건지 말이 없기는 마찬가지다.

말없이 동강난 천안함과 생존승무원들을 대신이라도 하듯이 언론들의 경거망동은 하루해가 오히려 짧다. 필자 같은 무지랭이들이 제발 자숙하고 진지할 것을 거꾸로 언론에 주문하는 넌센스가 오늘의 한국 언론이니 더 말해 무엇 하겠는가. 그렇다고 이런 국가적 대형사건을 앞에 두고 언론이 입 다물고 있을 수는 더욱 없는 것이지만 사실에 입각해서 균형 된 포맷을 가지고 진실에 접근하려는 언론의 사명의식은 없고 날만 새면 밑도 끝도 없는 억측 기사다. 관객이야

있든지 말든지, 보든지 말든지 서해바다 한가운데서 무기 박람회를 펼치고 있는 저들은 과연 무엇을 얻고자 함인가. 저토록 눈물겹게, 혹은 누군지도 불확실한 관계자의 뒤에 숨기도 하면서 발버둥을 치는지 보는 사람이 민망하고 안타깝다.

이런 걸 일반인이 떠들었다면 50년 묵은 이무기 고정간첩단 사건으로 앞뒤도 가릴 것 없이 잡아넣고 형장의 이슬로 사라졌을 법한 초고급 군사기밀 사항들을 연일 터뜨린다.

압권은 인간어뢰다. 삽화까지 친절하게 그려 넣었다. 정부와 검찰도 손을 쓰지 못하고 같이 즐기는 듯하다.

자료사진

그런 무기들에 대한 정보와 성능을 그렇게 잘 알고 있어서 우리 군에 미리 그런 고급의 정보를 제공했었더라면 얼마나 그 우국충정이 빛났을까,

멸치 떼, 까나리 떼가 무리지어 돌아다니는 백령도 남단 해상에서 1,200톤급 배 뒷부분을 사건 발생 3일이 지날 때까지 찾지도 못하던 위인들이 언제 적일지도 모르는 알미늄

조각하나를 발견했다는 소식이 전해지자, 옳다구나 기다렸다는 듯이 요즈음 북한에서 만드는 어뢰에는 알미늄으로 겉포장을 한다고 무기제조사 사장처럼 신문 1면 톱에 내다 거는가 하면 연통에서 화약성분이 발견되었다고 신문지면을 날마다 도배 하고 있는 한국 주류라는 신문들의 노력에 눈물겨울 지경이다.

성병에 걸려 애를 가질 수 없다는 사실을 아는 주인공남자 M, 평생 결혼도 못하고 몽달귀신으로 죽을 줄만 알았던 이 노총각이 혼례를 치렀는데 아내가 임신을 하고 아기를 낳았다. 자신의 처지를 잘 아는 의사친구에게 아기의 얼굴이 자신도 기억조차 할 수 없는 증조부를 닮았다고 했다가, 친구인 의사가 아무 말이 없자 "발가락이 닮았다"고 재차 확인받고 싶어 하는 김동인의 소설 '발가락이 닮았다'의 주인공과 같은 애절함과 한국 주류라고 하는 언론들의 간절함이 아내 빼앗긴 처용이처럼 처연하기가 그지없도다.

비록 찾아낸 발톱 하나지만 발가락이 닮았다고 하고 싶은 꿀떡 같은 당신들의 맘을 누가 모르겠는가!

당신들의 눈물겨운 노력에 결실이 있기를 바라지만 알미늄쪼가리나 화학성분에 현미경 들이대는 게 언론 본연인지 다시 한 번 묻지 않을 수 없다.

배려, 그 깊이의 아름다움

물건을 샀다.

파는 쪽에서 물건을 팔고 이득을 봤으니 고맙게 생각하고 감사의 인사를 하는 건 너무나도 당연한 일이다. 그런데 사는 쪽에서 감사하다고 인사하는 것에 대한 이해의 여부는 세상을 살아가는 깊이가 다르다.

사는 쪽에서 감사하다 할 이유가 산더미 같이 많은 사람이 있는가 하면, 왜 그래야 하는지 도무지 이해되지 않는 사람도 많은 게 세상이다.

앞뒤 잴 것도 따질 것도 없이 그리스도는 "범사에 감사하라"고 가르친다.

그런데 그게 쉽지가 않다. 한번 어깃장이 나기 시작하면 걷잡을 수 없는 게 사람의 감정이다.

철강왕으로 유명한 카네기가 분노를 다스리는 지혜의 편에서 분노의 대상과 구체적인 분노의 실체를 파악해 들어가다 보면 자기 자신이 스스로 만드는 게 대부분이고, 분노의 원인을 찾아가는 동안에 분노가 저절로 사라지는 것을 알게 된다고 하면서 절대 침착을 강조한다. 그는 어떤 사람이 분노했을 때 얼마나 빨리 냉정 으로 되돌아오는가 하는 시간의 차이 가 성공과 실패를 구분한다고까지 역설하는 대목에서는 절로 무릎을 치게 된다.

서로가 만족스런 결과를 갖길 원하고, 발전되고 성숙한 인간관계를 지향코자했을 때 우리는 흔히 '죠해리 창(심리학자 Joseph Luft와 Harry Ingham)'을 대입해 보라는 권유를 받곤 한다.

이해관계가 첨예한 담판의 현장에서도 협상의 여지는 두어야하고, 역사는 아(我)와 비아(非我)의 투쟁이라 고 했던 육당선생처럼 세상에 믿을 놈은 나밖에 없다고 하더라도 공동생활과 인류번영을 위해서는 다면식 상호 인식의 폭이 넓을수록 좋다.

멀리는 소크라테스가 너 자신을 알라고 하는 데서 유래해 자기성찰과 자가진단을 통해 상대방을 이해하려는 마음, 그 변화를 꾀해 봄직하다.

답답하게만 보이고, 미련한 몽니쟁이 같아보여도 언제 그랬었냐는 듯 친해질 수 있는 게 인간관계고, 외교다.

이런 작은 개인 간의 이해 조정이나 신뢰관계의 고려와 연습이 조직 간에, 또는 국가 간에도 적용이 되는 것은 너무도 당연한 것이다.

상대방 탓으로 뭐든지 몰아붙이는 것은 단기적 전술은 될 수 있을지 몰라도 장기적 전략이나 정책으로는 부적절한 이유가 바로 여기에 있다.

죠해리의 창의 이론에 의하면 자신을 살펴보는 네 가지 섹션이 있다.

나도 알고 상대방도 알고 있는 나(open), 나는 알고 있으나 상대방은 모르고 있는 나(close), 나는 모르고 있으나 상대방은 아는 나(hidden), 나도 모르고 상대방도 모르고 있는 나(blind) 이상의 네 가지 섹션 중에서 어떤 상황, 어떤 상대냐에 따라 각기 섹션의 크기를 달리해 가면서 연애도하

평화통일을 위한 배려(남북정상회담)

고, 전쟁도 하는 것이다.

여기에다 상대방의 변수 네 가지까지 가미되었을 때에는 여간 복잡해지는 것이 아니다.

베니스의 상인 같은 피도 눈물도 없는 협상가 옆에는 내 것도 네 것, 네 것도 네것 하는 식의 신앙적 신뢰에 바탕을 두고 '배려'를 몸에 붙이고 다니는 속 깊은 사람도 옆에 두는 것이 협상가의 필수요건이다.

왜 저렇지, 왜 저런 행동을 지속적으로 해야 하는가의 고려 없이는, 절대로 보이지도 않고, 볼 수도 없다.

죠해리의 창에 대한 끊임없는 모색이 더 한층 요구되는 게 요즈음의 남북관계이자 이명박정부다.

북한 다루기의 어떤 차이

지금도 '햇볕정책'하면 경기를 일으키는 분들이 계시니 꺼내들기조차 민망하다.

60년대 초등학교 때이니 벌써 반세기전이다. 바른생활이나 도덕교과서외에도 특별히 '반공방첩' 또는 '승공통일'이라는 별도의 교재가 있었던 걸로 기억한다.

주로 삽화가 많이 그려진 교재여서 부담 없이 읽을 수 있는 그런 부교재인 셈이었다.

뚱돼지 인민군과 헐벗은 북한주민이 등장하고, 꼬리달린 늑대가 인민군 모자를 쓰고 선량한 북한주민을 괴롭히는 안봐도 훤하게 그려질 그런 내용의 책으로 열심히 공부하고 잘했다고 우등상 받고, 그리고 반세기가 흘렀다.

교재대로라면 그 나라는 벌써 지구상에서 사라졌어야 옳다. 반공이 '국시'였던 때에 국시에 맞는 교육이니 그랬었다 치자.

없어지지도 않고, 없애 보려고 그렇게 무진 애를 쓰다가도 안 되면 생각을 다른 방법으로 모색해 봐야 하는 게 국가지도자와 민족지도자 답지 않을까!

그들의 존재가 옳다는 게 아니다. 나하고 맞지 않더라도 국제사회의 이해집산이라는 게 그렇게 간단치가 않다.

연일 지상에 소위 '북한전문가'라고 얼굴 내미는 분들, 한발짝도 더 나가지 못하는 논리로 오늘도 링 밖에서 주먹질을 열심히 하고 있다.

'넌 나쁘다'는 말만 60년 하고 살기에 지겹지도 않는가.

대명천지에 그놈 나쁜지 모르는 사람이 어디 있을까. 이제는 하다가 지쳤는지 옆 사람 옆구리도 마구 찔러 대면서 공허하기만 한 생각을 날이면 날마다 그 말이 그 말, 하나마나 한 얘기를 늘어놓고 있다.

여론이라 함은 이미 지상에 드러나 있는 사실 외에 또 다

학창시절 통일문제 세미나(1983년)

른 시각이나 의견을 내 놓아서 균형과 평형을 잡는데 도움이 되도록 하는 게 이치에 맞다.

모두 알고 있는 이야기 본인 입으로 한번 덧칠하는데 신문의 여론 란을 얼마나 낭비하고 있는가.

최근 남북관계 뒷거래 설에 어디까지가 사실인지, 그 파장과 의미가 어떤 것인지를 자세히 안다는 것이 쉽지 않다.

다만 부분적으로 어떤 것들이 사실이든 아니든 그 결과가 어떻게 되느냐에 따라 외교적 성과로 나타난다는 게 국제외

교의 핵심이다. 정리하자면 성과이외에는 모두 묻히는 게 외교의 속성이다.

외교의 관례라는 것도 있지만 그것도 정상적일 때의 얘기이고, 마타도어적인 부분이 엄존함도 현실이다.

더군다나 남북관계는 이제 더 이상 남북만의 문제이기를 이번 일로 스스로 거부해 버린 꼴이 되어버렸다. 물론 실수일 수도 있겠지만 그만큼 상대를 모르고, 생각 없이 일을 했다고밖에 볼 수 없다. 우려 했던 대로 중국과 미국에게 우리 문제를 넘겨주고 나서 우리는 무얼 어떻게 하겠다는 것인가.

이명박 대통령이 지난 5월 9일 독일의 베를린에서 '남북정상회담'을 제안했다. 중앙일보가 바로 다음날 '가능성 없음'으로 하나마나한 제안으로 사설에 올렸다.

군자는 행동으로 말을 대신하고 소인은 다만 혀로만 말을 한다. 잊고 싶겠지만 같은 입장에 있었던 또 다른 베를린 선언이 있었다.

2000년 3월 김대중 대통령이 독일을 방문했다. 베를린대학에서 특강을 한 김대중 대통령은 한반도의 냉전과 반목을 한 방에 날릴 '베를린선언'을 발표했다. 이른바 '햇볕정책'을 선포한 것이다. 말대로 정상회담도 하고 긴장완화도 했다. 시대가 10년이 흘러서 말마따나 '재스민 효과'도 기대할만 하건만, 이게 도대체 뭔가, 통일에 대해 한 수 배우겠다면서 이명박 대통령이 독일 총리에게 한마디 훈수 해달라고 하자

"민족, '하나의 민족'임을 잊지 마세요."

북한의 3대 세습에 대해서 굳이 말하라 한다면

물론 잘못된 것이다.

대답을 모를 리 없겠고, 단순히 듣고 싶어서라기보다는 한마디 반대도 허용하지 않겠다는 오만함과 다른 한쪽의 아리랑 공연처럼 일체된 아름다움의 선두에 서고 싶은 어줍잖은 천박함이 한 치도 다르지 않다.

그래서 왜 잘못된 것을 잘못되었다고 말하지 않느냐고 추궁이다.

침묵은 동조의 다른 표현이라고 생각하는 사람들의 무지하고 가벼운 처신들이 민족의 미래와 통일한국, 나아가 남북관계 개선에 대한 어떤 숙고가 있는지 개탄하지 않을 수 없다.

오지랍이 넓고도 참으로 넓으시다. 편협한 자신의 생각을 주입시키지 못해 벌이는 모양이 안타깝다 못해 서글프다.

3대 세습은 민족의 수치라고 목소리를 높이고, 대북선전과 홍보전단 배포 등 내부인식 변화를 꾀하는 대북사업만 덩그러니 나 홀로 통일, 앵무새 같이 말로만 통일하는 사람들이 요즈음 부쩍 바쁘다.

민족의 일원으로서 민족의 주체인 내가, 또는 우리가 할 수 있는 일은 단 한 발짝도 내 딛지 못하는 현실 속에서 '너 스스로 변하든지, 못한다면 내부 반란을 통해 망하든지, 그래서 죽을 놈은 죽어 없어지고, 할 수 없이 살아난 사람들만 거지 동냥 주듯이 그것도 내기 싫은 세금으로 통일

을 하자 한다 해도, 꼭 해야 하는 것인지…'

더 이상은 도저히 생각도 하기 싫지만 설령 생각이 있더라도 자신들의 정치사회적 입지 때문에라도 몽니스럽게 외면해야만 일신이 편할 것은 물론이고, 더 많은 사람들이 그 말도 맞다고 할 것 같으니, 공명심에서도 더욱 요란스럽다.

더 나아가 그렇게 해서 망한다 치자. 민주주의 한다는 우리 내부에서조차 독재를 반대하고 민주주의 하자는 목소리만으로도 수천 명의 희생을 불사했던 위대한 민족의 경험에 비추어 본다면, 저쪽은 더하지 말란 법이 없다.

그 혼란과 동시에 일어날 수 있는 주변국의 상황이 어떻게 전개될지에 대한 질문까지 보탠다면 지나친 표현이 될지 모르겠지만 머릿속이 그야말로 하얘져서 아무것도 없다.

다만, 희미하게나마 '미국이 알아서 해 주겠지'이다.

또 다른 시나리오로 세습이 아니고 다른 사람이 권력을 잡았다고 하자.

3대 세습이 아니니 괜찮다고 할 것인가,

2대세습도 지쳤고 하니, 다른 권력자는 그냥 통일하자면서 두 손 들고 투항한다고 생각하는가.

여기서 조금 답답하다는 것은 해방 후 지금까지 북에 대한 생각의 틀이 크게 변하지 않고 있다는 것이다.

정상적인 국가라면 대통령이나 총리, 또는 주석이 국가 최고 지도자가 되어야 하지만 북한은 국방위원장이 최고지도자다. 남녀노소가 모두 군인이면서 생업도 하는 전제 군주적 병영국가다. 어떤 학자가 이해를 돕기 위해 다음과 같이 비유를 한다.

고구려를 세우기 위해 군사력을 키우고 있는 주몽대장군을 따르는 고구려 유민들에게 춥고 배고픈데 그런 사기꾼을 왜 따라다니느냐고 묻는다면 그 사람들이 어떻게 반응할까?

북에 있는 동포들은 불행하게도 이씨왕조에서 김씨왕조로 성씨만 바뀌었을 뿐 남한 같은 정치체제 경험이 거의 없다.

고려에서 조선으로 국호만 바뀐 채 개인 실생활은 바뀜이 없이 절대 충성이 지고의 가치로 받아들여지고 있는 체제인 것이다.

그런 국가와 맞서서 대화를 해야 하고 민족의 숙원인 통일을 하고자 할 생각이 조금이라도 있다면 세상이 이렇게 달라진 만큼 다각도의 모색이 당연히 수반되어야 할 것이다.

저들을 욕하고 비난하는 대열에 왜 동참하지 않느냐, 쌍삿대질로 비난하고 나면 저들이 진정으로 대오각성하고 민족통일도 한 발짝 다가선다고 보는가!

남과 북이 대화를 통해 교류를 넓히고 민족의 통일에 대해 실낱같은 희망을 놓지 않고 있는 수많은 사람들이 북한정권이 좋아서 그들을 후원 한다고 생각하는가본데, 그런 생각은 중고등학교 수준이라고 해야 하지 않을까…

이제 좀 어른스럽게 대처할 때도 되지 않았나하는 생각이다.

그게 통일을 얼마나 더디게 하는 일인가 꿈속에서라도 해보았는가. 주체사상을 만들었고 죽을 때까지도 김일성을 존경한다면서도 김정일은 미워하는 상식적으로 알 수가 없는 정체불명의 황장엽 전 북한 노동당비서를 국립현충원에 안

장시키고도 말이 없는 사람들을 이해 할 수 없다.

각종불법으로 세습을 자행하고 있는 재벌과, 언론사, 교회들에 대해서 실질적으로 지적할 수 있는 상황인데도 하지 않고 공허한 북쪽 땅에만 대고 삿대질하는 비겁함을 어떻게 받아들이라는 말인가,

그 현충원에는 사촌형인 아들하나 남겨두고 6.25전사자 묘역에 남아 60년 후의 조국의 현실을 바라보고 있을 나의 큰아버지도 잠들어 있어 더욱 가슴 아프다.

오로지 국민들의 몫이다.

전제 군주적 병영국가, 민족을 볼모로 민족에게 포탄을 퍼붓는 북한의 위정자들, 누가 그들의 세습집권을 돕고 있는가?

분단 상황을 고착시켜서 권력을 분점하고 안보제일주의를 입으로만 떠드는 자, 그들과 뭐가 다른지 구분이 안 된다.

그들이 진정 두려워하는 자들은 누구인가, 강자는 조용하다.

연평해전에서 상대를 연파하고도 지속적으로 남북관계를 선도했던 지난 10년을 우리는 기억한다. 까불 땐 말로서가 아니고 행동으로 확실하게 제압하면서도 개성공단은 돌아가게 했고, 해주항과 인천항 직통로도 개설하자고 합의했는가 하면. 꽃게잡이도 같이 하자고 이미 남북이 합의했다.

연평도, 백령도 주민들이 피난 나와서 고생하고, 되돌아가기를 걱정해야 할 이유가 없었다.

백두산 호랑이 김종서, 세종 때 4군6진을 개척하여 오늘날 우리영토의 북방을 지켜냈던 야전사령관, 수양대군의 철퇴를 맞고 쓰러져간 일은 두고두고 군인의 길, 한국 고급군인들의 나아갈 방향을 향도한다.

우리나라를 우리 손으로 지키자고 하면 이적행위가 되는가! 통일을 하자고 하면 반민족적 행위인가?

평화롭게 살자고 하면 내부 분열을 일으키는 것인가! 전시작전통제권을 되찾아 오자고 하는 대통령은 북한을 이롭게 하는 사람인가!

오로지 국민들의 책임이다, 그래서 당하고 산다. 당하고만 살지 말자고 하면 바보가 된다.

어떨 땐 경험이 중요하고, 그 경력을 팔아먹으면서도, 안보라인에 군대갔다오지 않는 사람은 안 된다고 하면 트집잡는다고 한다. 그래서 온통 군 미필자들에게 나라를 맡겨놨다.

갈팡질팡이다. 누굴 탓하랴, 오로지 국민의 몫이다.

4대강은 생태적으로 자연 그대로 살리자는 데, 돈 집어넣어서 죽이는 데도 눈만 끔벅거리고 있다. 국방을 지킬 군인들이 엉뚱한 이곳에 투입되고, 이를 위해 국방예산이 삭감되어도 조용히 하라고들 한다.

매년 국방비를 10배를 더 쓰고도 열배로 두들겨 터졌으니 말을 해서 뭐 하겠나. 빤히 보이는 상대를 놓고, 상대의 수를 읽지 못할 뿐 아니라 찾으려는 노력도 않고 쓸어 없애야 한다고 핏대만 올리면 그게 가능한 일인가.

이런 사람들에겐 전쟁개시 하루 만에 230만 명이 사상을 입는다는 시뮬레이션이 남의 일이란 말인가. 확전을 반대한다는 대통령에게 겁박을 주는 그 애국충정에 도무지 정신을 차릴 수가 없다.

아무리 부부간에 싸움질 하더라도 가정외부로부터 가정을 지키지 못하고, 구차스럽게 변명만 한다면 부끄러워 얼굴을 들지 못할 일이다.

길거리에 있는 전봇대와 하얀 석고벽면, 집집 기둥마다 '내 조국 내 강토는 내가 지킨다.' 강군은 이런 구호로만 되는 게 아니다.

군 생활 훨씬 이전에 형들이 부르던 구전가요가 문득 떠오른다.

그 시절 누구나 없이 불렀던 사나이 노래다.

소령 중령 대령은 지프차 도둑놈

소위 중위 대위는 권총 도둑놈

하사 중사 상사는 부식 도둑놈

불쌍하다 육군졸병 건빵 도둑놈

이래가지고는 강군이 될 수 없다. 이 노래가사에 빠진 윗선은 상상에 맡긴다. 그리고 이게 군인만의 문제인가, 오히려 깨끗한 편에 속하리라 ,

세계 선진국회의를 서울에서 한다고 요란스럽더니 사진 찍어서 신문에 나오는 것 외에 손에 잡히는 게 하나도 없다. 불과 20일 전의 일이다.

그일 때문에 말년휴가 미뤄지고, 연평도에서 끝내 죽어 돌아 온 해병대 서정우 하사는 나와 17년 직장 동료의 사랑스런 조카였다니!

정상적인 머리와 상식으로는 살아가기가 힘들다. 아주 바보가 되거나, 영악스런 소수가 되어야 하는 현실이다.

매카시즘, 최후의 보루

요즈음 워싱턴 동포사회에 쇼뱅들이 나타나 오싹하다. 이게 어제 오늘일도 아니고 해서 동포사회는 17세기 미몽을 헤매고 있다는 느낌이다.

쇼뱅(N.Chauvin)이라는 사람이 있었다. 1780년 프랑스의 로체폴(rochefort)에서 태어나 1798년 나폴레옹전쟁에 참전하였다.

열일곱 번이나 부상을 당하면서도 "친위대는 죽을 뿐 항복하지 않는다"는 통념을 만들어 냈던 이른바 쇼비니즘(chauvinism)의 창시자 같은 존재다.

공화제 프랑스가 몰락할 무렵에는 거의 노인으로 사실상 전쟁 참여가 불가능했는데도 전쟁의 화신이 되어 전쟁터를 살아 돌아다니는 각색된 전쟁영웅이었다. 1815년 워털루에서 나폴레옹의 시대가 막을 내리고도 그 국수적이고 맹신적 애국주의는 한동안 맹위를 떨쳤다.

위설된 이 맹신주의 앞에서 전쟁에 반하는 어떠한 논쟁도 있을 수가 없었다. 심지어 침묵하는 것도 배신자요, 적을 이롭게 하는 것으로 몰아 부치는 상황에 이르게 한다.

무슨 회장님, 위원님, 총재님, 정치적 수사(修辭)까지는 아니더라도 최소한 철학적 사유(思惟)가 뒷받침되지 않는 글쓰기는 3년도 지탱하지 못하고 수명을 다한다고 한다.

좋다. 신념을 바탕으로 글을 쓴다고 하자 최소한 자기신념만 주장하고 거기에서 멈추어야 보기에 추하지 않다.

자리께나 좋아하는 동포사회에 단체의 이름을 건다거나, 개인적 직함을 걸 때에는 좀 더 생각을 해보는 것이 좋다. 어떤 직함을 가졌었느냐 보다는 어떻게 그 직무를 수행 했는가 생각해 보는 것이 마땅한 일이다.

어느 개인이 무조건 정부의 입장을 지지해야 하고 국익을 대변해야 한다고 믿는 것은 민주주의 사회가 결코 아니다. 오로지 보수 꼴통이라는 비난만 받을 뿐이다.

한국적 메카시즘에 대한 저항(2010년 백악관 앞)

벌써 24년 전의 일이다. 금강산댐이라는 메카시즘이 분 적이 있다. 그 때의 표현으로 북괴가 계획한 저수량 150~200억 톤의 댐은 순식간에 서울을 물바다로 만드는 가공할 수공 무기였다. 당시 금강산댐은 핵폭탄이나 수소 폭탄에 비유되었고 하룻밤에 서울 시내가 완전히 수몰되는 현란한 그래픽을 선보였다. 국회의사당이 첨탑만 남고 63빌딩이 40층 높이까지 잠긴 화면은 오래도록 기억 속에 남아 있다. 학자들이 앞장섰고 언론이 멍석을 깔아 주었다. 시민들은 연일 궐기 대회를 열었고 평화의 댐을 세우기 위해 성금을 모금했다.

그때 당시는 추호의 의심도 없었다. 그리고 20년이 지난 다음에야 완공했다. 씁쓸하기 짝이 없는 기막힌 대국민 사기극이 되어버렸다.

'오컴의 면도날'이라는 게 있다.

오컴의 면도날을 설명하자면, 어떤 현상을 설명할 때 불필요한 가정을 해서는 안 된다는 것이다. '같은 현상을 설명하는 두 개의 주장이 있다면, 간단한 쪽을 선택하라'는 뜻이다.

여기서 면도날은 필요하지 않은 가설을 잘라내 버린다는 비유로, 필연성 없는 개념을 배제하려 한 '사고 절약의 원리'(Principle of Parsimony)라고도 불리는 이 명제는 현대에도 과학 이론을 구성하는 기본적 지침으로 지지받고 있다.

'천안함이 왜 침몰했나?'가 아니고 '천안함을 북한이 공격 했는냐 안 했는냐?'로 어느 순간부터 자르고 나서 다른 가정은 일체 들어설 여지를 두지 않는다. 오컴은 또한 '쓸데없는 다수를 가정해서는 안 된다'고 말한다.

감사원의 감사결과는 초보적 해상 경계임무에 실패한 책임을 모면하기위해서 해군은 증거를 조작하고 증거인멸을 시도했다고 했다.

왜, 무엇 때문에 감추었나, '그것이 알고 싶다'가 평범한 한 국민의 의구심인 것이다.

한국 근세사는 굴곡 그 자체다. 일제에 부역한 자들을 대부분 그대로 두었다. 독재자를 처형하지도 못했다.

쿠테타를 일으킨 학살자도 버젓이 행세한다. 여론조작에 앞장선 교수들도 낯을 들고 뻔뻔히 돌아다닌다. 자기부하를 46명이나 희생시킨 자들도 엉뚱하게 영웅이다. 비굴한 역사가 메카시즘까지 다시 불러내고 있다.

미국에서는 벌써 50년대 그 살벌한 냉전 상황에서도 빠른 속도로 메카시를 같은 공화당내에서부터 '또라이'로 '왕따' 시켜버렸다.

자기 말에 반대하는 자는 무조건 소련첩자라고 했던 메카시의원, 아마도 지구상에서 가장 오랫동안 매카시즘을 붙들고 있는 곳은 한국도 아니고 워싱턴 한국인 동포사회일 것이다. 신문을 펼쳐 보는 것조차 창피하다.

아직까지도 이게 도대체 무슨 말인 줄 모르는 사람이 있을 수도 있으니까…

3:2로 이겼으면 좋겠다.

밥을 먹다가도, 일을 하다가도, 은행을 다녀왔는데도 뭔가 개운치가 않다. 뭔가 해야 할 일이 분명 있는 것 같은데 딱이 하려고 하면 없다.

하루해가 지고 집에 돌아가는 길이 바쁘다. 막상 집에 가서 왜 이렇게 서둘러 왔지? 이유가 없다.

기다리고 있는 것이다. 이기기를 바라고, 일단 시작휘슬을 기다리면서 흥분을 달래고 있는 것이다. 정점을 향한 활처럼 긴장이 점차 고조되고 있다.

남아공 월드컵 축구를 앞두고 마음이 설렌다.

개념 없는 국민들의 개념 없는 몰두를 경계하는 스포츠 망국론이나 통치수단으로 적절하게 활용되었던 스포츠.

그중에서도 축구는 신화, 역사, 전쟁, 그리고 때때로는 정치로 모습을 바꾸기도 한다는데, 대회 며칠을 앞둔 대한건아들과 응원으로 지새울 우리들 앞에 그런 사유의 진지함이 끼어들 여지가 좁다.

말로는 수험생 앞의 학부모처럼 최선을 다하라고 하지만, 이겼으면 좋겠다. 비겨서 승부차기를 하더라도 16강에 올라선다면 밥이 훨씬 맛날 것 같다.

객관적인 전력을 좀 더 관심 있게 들여다보면 보내는 응원을 압도할 만한 승리요인을 찾기는 쉽지가 않다.

지는 것이 오히려 자연스럽겠지만 경쟁문화에 익숙한 우리는 더 세고, 더 강한 상대를 이기는 것에 대한 기대의 관성이 잠재되어 있어서 이길 것이라고 굳이 믿고 싶고, 이겨야만 되는 상황에 지는 상상은 일단 없는 듯하다.

그래, 나의 조그만 응원이 힘이 된다면 결승전을 치르던 김연아에게 보냈던 응원을 기꺼이 다시 한 번 보내고 싶다.

제9차 아시아 안보회의(일명 샹그릴라 대화) 기조연설을 하기 위해 싱가포르를 방문 중인 이명박 대통령은 5일 '한반도에서 전면전 가능성은 없다'고 말했다.

이 대통령은 또 '우리는 북한을 빠르게 개방시켜 중국처럼 산업화의 길을 걷게 하고 핵을 포기하는 대신 정권 유지를 보장하고 경제개발을 지원한다는 일괄타결 방식을 제안한 상태'라고 말했다.

3월 26일 천안함 사건 발생 뒤에 국내외 언론과 남북의 당국은 여차하면 붙겠다고 맞서고 이에 깜짝 놀란 세계 각국은 그 추의를 예의 주시하는 상황이다. 주가와 환율이 요동을 치고, 일부겠지만 환전사태까지 있었다.

당연한 반응이 아닐 수 없다. 그러는 가운데 선거가 있었고, 표면적으로는 두 달 반 만에 아무 일이 없었던 듯 원점으로 되돌아 온 느낌이지만 북쪽은 더욱 거세게 일전을 치룰 태세다.

그래봐야 더 이상 잃을 것도 말 것도 없는 실정이니 울고 싶은데 뺨 때린 격이다.

남쪽도 되돌리기 힘들 정도로 복원이 어렵게 되었다. 남북경협의 경제유발효과 같은 것은 관심 밖이었고, 돈은 다른 곳에서 벌면 되고, 가을철 미꾸라지 잡듯 막고 품겠다는 게 통일전략으로 굳혀져가고 있는 형국이다.

힘 좀 있다고, 돈 좀 많다고, 발뒤꿈치로 문질러 버리려는 원시적 발상 속에서 발끝에 찔리는 가시 정도면 얼마나 다행이랴.

궁지에 몰리는 쥐가 무슨 짓을 할는지 아무도 모른다. 80년대 중후반부터 북핵 개발의 단초는 여러 경로를 통해서 감지되었고 그것을 막으려는 노력들은 역대정부가 방법상의 차이만 있었을 뿐 한결같았다.

결국은 핵무기를 보유한 것으로 발표되기에 이르렀다. 그 길만이 체제유지의 유일무이한 방법이라고 믿고 있는 집단이 북쪽인 것이다.

핵무기보유 자체로만 본다면 강대국들과 비교가 되지도 않겠지만 이를 제어하는 문제가 남북, 또는 6자회담의 골격이라고 볼 수 있고, 더욱 쉽게 표현하자면 평화적 해결방법을 모색하자는 것이다. 이를 위해 이미 두 차례나 정상들이 선언을 했다.

그게 6.15선언이고, 10.4선언이다. 각론에 들어가면 핵무기 들고 설쳐댈 명분은 추호도 없이 치밀하게 실천될 수 있도록 되어있다.

북쪽에서는 소리 없이 옥죄어 들어오는 자유의 바람과 자본이 두려웠을 것이다

외교론의 기초가 되는 외교적 수사 에 있어서 그 첫째가 말을 가급적 아낀다. 로 기억하고 있다. 그래서 구소련의 외교정책에서 유래했던 '크램믈린' 같이 라는 말이 외교가에서는 바이블처럼 받아들여지고 있다. 이런 실정인데도 우리는 전쟁을 두려워하지 않는다고 5월24일 전쟁기념관에서 대통령의 발언에 맞추어 언론을 비롯한 관변단체들이 일제히 총궐기를 한다.

푸른 잔디위에서 펼쳐진 첫 경기, 온 국민이 승리를 바라고 응원했다.

3:2로 이겼다고 하자. 3골을 넣고, 2골을 먹었다. 분명히 이겼다. 그것도 펠레스코어 로, 영국의 전략가 란체스터에게서도 칭찬받을 수 있는 승리임에 분명하다.

월드컵응원(한인마켓 앞에 운집하여 공동응원하는 한인들)

그러나, 그게 동족간의 전쟁이라고 생각해보라. 남북 합해서 7천만이다. 천만명이상 죽고, 부상당하지 않을 거라고 장담할 수 있는 것인가,

그중에는 자신과 관련된 사람들은 절대로 없을 거라고, 아니면, 위대한 민족통일을 위해서는 이정도의 희생정도는 두렵지 않다고 할 수 있을까!

전쟁은 결코 스포츠가 아니다.

제발, 종북세력 좀 제대로 잡으시오

(김대중대통령 2주기에 즈음하여)

김대중, 그가 대통령이 되면 우리나라를 통째로 북한에다 바쳐서 공산국가가 될 것이니 짐 싸서 미국으로, 국외로 떠나자.

실제로 그런 사람이 있었을까만 터무니없는 이야기는 아니었다.

지금도 '왜 아직까지 대한민국은 멀쩡하고 남북관계도 그때는 더 조용했을까' 의아해 하는 사람도 있을 것이요, 평화로웠으니 배가 아픈 사람도 물론 있었을 것이다.

역대 정권이 모두 크든 작든 인도적 차원에서 북한에 물품과 돈을 지원해 왔고, 북한이 핵개발을 시작한 것은 80년대 중반임에도 '김대중이 돈을 보내서 핵을 만들었다.'는 믿음(?) 하나 붙들고 평생의 신조로 삼고 있는 사람들도 있다.

1992년 14대 대통령 선거에서 3,000억 원이라는, 지금으로 환산한다면 1조가 넘는 선거자금을 '우리가 남이가' 하면서 노태우로부터 건네받아 당선된 김영삼정부는 나중에 받았다가 되돌려준 것으로 확인된 '20억+@'설을 날마다 언론에 흘리면서 선거에서 패한 김대중을 끊임없이 궁지로 몰아넣었다.

국민들도 덩달아 그 언론의 장단에 같이 놀아났다. 뜯어보면 국민들을 가지고 놀았다는 표현이 적확한 표현이 될 것이다. 불과 몇 개의 언론플레이에 놀아나는 국민이 있으니 가능한 일이다.

불과 20년도 되지 않아서 진실은 밝혀졌으나 그동안 '몰랐었다'거나 '그럴 수도 있는 거'라고, 또한 '20년 지난 걸 가지고'하면서 반성 없이 배시시 웃고 있다면, 앞으로 우리 정치사는 발전이 없을 것이다.

지금은 조금 더 잘 이해가 될 것으로 생각하는 것은 요즘 미국경제가 당하고 있는 이 고통을 한국에서는 이미 1997년에 당했다. 수많은 사람들이 거리로 내몰리고 사흘 앞에 무슨 일이 벌어질지 모르고 수많은 가정이 풍비박산 났다.

6,25사변이후로 가장 큰 어려움을 국민에 안겨다 준 그 정권은 그 와중에서 치러진 15대 대통령선거에서도 단 1개 기업으로부터 1천억 원대의 선거자금을 트럭에 싣고 가다가 들통이 났다. 그래서 그랬던지 간발의 차이로 낙선이 되었고, 그렇게나 꺼림칙하게 생각하고 '빨갱이'로 몰았던 김대중이 가까스로 당선이 되었다.

'IMF사태'를 맞은 지 1달 뒤의 일이다. '나라가 백척간두에 서있다.'라는 말은 이럴 때 쓴다.

그 뒤로 어떻게 되었는지는 말을 아끼겠다. 지금의 미국에 '김대중 같은 리더쉽'만 있어도 라는 말이 나올 법 하다는 게 소견이다. 이 분을 아직도 '빨갱이'로 믿고 있는가?

근자에 '빨갱이'로는 더 이상 써먹을 수 없으니 '종북세력'으로 교묘하게 바꿔 부르는 듯하다.

김대중 정부에서 법무부 인권과장과 법무심의관정도를 했을 법한 경력의 소유자가 야당이 요구한 청문채택도 없이 검찰총장에 임명된다. 그리고 취임일성이 '종북세력을 뿌리

뽑기 위해 전쟁을 선포한다.' 그가 앞뒤 분간을 못해서 그런다고 생각지 않는다.

취임사 한번 거창하고 대단하다. 여태까지 뭐하고 있다가 느닷없이 법적개념도 모호한 '종북세력' 운운하는 것인가,

이런 발언을 하는 것도 '종북'인가?

작년 말 현재 남북한의 경제력 차이는 38:1이다. 89년 동서독이 통일할 당시의 경제력 격차가 1:4였었다. 그렇지만 그들은 '독일민족'의 이름으로 주변국 협잡과 반대를 물리치고 통일을 이루었다.

뭘 더 비교하고 말 것도 없다. 북한이 좋다고 하는 사람이 있다면 당연히 법대로 시행해야 옳고, 앞으로도 그렇게 하는 것이 너무나도 당연하다.

종북주의자는 어떻게 만들어 지는 것일까? 그 오랜 세월 '빨갱이'로 덧 씌워도 안 되고, 사실이 아니길 바라지만 공안당국에서 사건마다 '못하는 것이 없는 북한소행'이라고 앞뒤 안 가리고 떠든다면 혹시 덜 떨어진 친구들이 생각할 때, 북한이 그렇게 뭐든지 할 수 있는 '대단한 나라'라고 오인하게끔 만들면 그들이 바로 종북세력의 수괴가 아닌가!

친북인사 100명이라?

우선 당사자들이 대꾸할 일고의 가치도 없는 것이다 라고들 하는데 거기에 첨삭이 무슨 의미가 있을까.

전 세계 한민족 중에는 지난주 신문 1면에 정체불명의 단체가 발표한 내용을 접하고 나서 싸우는 사람들은 모두 똑

같다 라고 양비론적인 시각을 바로잡기엔 지면이 너무 좁다.

다음은 신문에 실린 내용이다.

'민간단체인 국가정상화추진위원회(위원장 고영주 변호사)는 3월12일 친북·반국가행위 인명사전에 수록될 1차 명단 100명을 발표했다. 추진위는 기자회견을 열고 친북·반국가 행위 증거가 있는 인사 중 사회적 영향력이 큰 인사를 대상으로 1차 수록 예정자 100명을 공개했다. 추진위는 국가정체성 훼손 행위를 민간 차원에서 조사, 재조명하는 것을 목표로 지난 2008년 발족했다.'

먼저, 왜 이들은 이런 명단을 만들게 되었는가. 이들에 앞서 2009년 11월 민족문제 연구소(소장 임헌영)에서는 3,000여종의 방대한 자료와 기록을 바탕으로 8년여에 걸쳐 친일 반민족행위자들의 명단을 공개하였다. 반민족행위자 명단이 발표되기까지의 방해와 곡절은 익히 알려진 것 이상으로 집요하고도 교묘했다. 음습하고 추악한 역사를 밝은 세상에 내놓기가 쉽지 않음을 모를 리 없는 그들이 마땅히 설명해야 할 명분을 찾는데 혈안이 되었고, 급기야는 민족 간의 이간질로 시간을 벌어 망각의 도주로를 마련코자 전가의 보도인 친북 딱지와 반국가행위 의 카드를 꺼내든 게 그 배경이라고 볼 수 있다.

다음으로 이들이 내세우는 기준은 무엇인가. 추진위는 '현재 생존해 있어 영향력을 크게 미칠 수 있는 사람들을 우선적으로 선정했다. 헌법질서를 부정하고 국가변란을 선동한 경우(반국가행위) 등을 선정 기준으로 삼았다'고 설명했다.

영향력이 크다 함은 그분들이 현재 국민들로부터 어떤 지지를 크게 받고 있다는 뜻인데 지지하는 국민들을 상대로 뭘 어찌하겠다는 것이며, 반국가행위에 대한 것은 헌법기관에서 다룰 문제이지 취지와 구성원도 애매하기 짝이 없는 단체에서 몇 명이 모여 과거 중앙정보부시절 요시찰 리스트 같은 것을 발표한 내용에 대해 언젠가는 응분의 책임을 면키 어려울 것이다.

아직도 우리 국민들을 우습게 알고 있는가. 발표한 분들이 어떤 삶의 궤적을 그리고 있는지 정녕 몰라서는 아닐 테고, 그렇게 발표하면 국민들이 동조하리라 믿고 있는지 참으로 서글픈 현실이다.

국가를 이용하고 민족을 팔아서 사리사욕을 채우고, 천민자본까지 가세하여 혹세무민을 행하는가.

명단중의 대부분은 개인의 영달보다는 민족의 장래를 숙고하고 진정한 사람 사는 세상을 위한 시대의 지성임을 그 분들의 수많은 저서와 활동을 통해 국민들이 알고 있다는 것을 깨닫기 바란다.

이들에겐 역사와 민족 등 전통적 가치에 바탕을 둔 국가관은 없다. 이들의 머리는 실체적 지배 범위 내에서만 기민해진다. 집안싸움에만 능하고 밖에 나가면 한없이 작아지니 언제라도 자기들의 이해에 부합하지 않거나 배치되는 것에는 배신과 변신을 손바닥 뒤집듯이 한다.

그들 기준대로 한다면 어디 100명 가지고 되겠는가. 5천명으로도 부족하고, 퇴임 2년도 채 안된 시점에서 비극적으로 가신 노무현대통령을 추모했던 직접추모객 600만이 그들일 것이오, 역사책에서나 사회시간에 우리나라는 단일 민족이오 압록강, 두만강까지를 우리민족의 영토로 배운

5,000만 국민 모두가 친북이 될 것이다.

왜, 친일의 반대는 반일이나 항일이 아니고 친북이 될까? 이걸 알면 민족의 정체성 확립은 물론, 그들이 내건 국가정상화가 당장이라도 실현되지 않을까.

침묵은 과연 동조인가

시대와 상황에 따라 전체의 이익이 개인에 우선할 때가 분명히 있다. 대표적인 경우가 국가 간의 전쟁이다. 일본의 자연 대재해도 비슷한 경우다.

어떤 경우라도 전쟁은 가능한 막아야 하겠지만 전쟁이 일단 터지고 나면 배경이나 음모 따위는 생각할 여지가 없다. 우선 국민의 생명과 재산보전이 우선이고 원인을 따지는 것은 다음 일이다.

그런데, 그런 경우를 제외하고 긴 안목에서 본다면 전체와의 조화 속에서 개인이 지향해야 할 행복추구는 범 인류적인 가치임에 재론의 여지가 없다.

시도 때도 없이 전체적인 이익만을 우선시하는 국가나 사회를 우리는 전체주의, 또는 제국주의라 하고 이의 실현을 위해서는 개인적 가치추구는 억압당할 수밖에 없게 된다.

따라서 독재정치가 필연적으로 등장한다. '국가가 있어야 너희들이 있다' ' 국가적으로 이익이 많아지면 개인도 부유해 지는 것 아니냐?' 국가주의적 입장에서는 어디 흠잡을 데가 없어 보인다.

정말 그럴까? 성격은 다를지라도 한반도 이북은 국가주의 독재체제 전형에다가 유래 없는 폐쇄체제이기도 하다.

거기에 비하면 남한사회는 상대적으로 모든 면에서 비교가 된다. 화살표사회가 아니라는 것이 가장 큰 장점이자 강점이다.

국가 공동체를 위해 일하는 방법도 개인마다 단체마다 훨씬 더 다양하고 각양각색이다.

'때려잡자 김일성, 쳐부수자 공산당' 본국에서는 사라져가는 70년대의 반공구호가 워싱턴 동포사회에 난무하여 수많은 지성들의 시야를 어지럽히고 있다.

각 단체가 추구하는 목적에 충실하면 되었지 그 목적과 상관없는 일까지 왜 하지 않느냐고 옆에서 자꾸 닦달하는 일이 온당한지 모르겠다.

개인이나 단체가 할 수 있는 일이 있고, 국가가 할 수 있는 일이 따로 있다.

한국의 민주주의를 더욱 강고히 하는 문제는 현 위치에서 국민각자가 할 수 있는 일이고 지속해 오고 있다. 하지만 내부의 늑대도 못 잡으면서 바깥의 호랑이 먼저 잡자고 하는 사람의 판단이 정상인지 의심스럽다.

불법적으로 북한과 똑같이 세습을 일삼고 있는 대형교회 권력, 재벌, 언론 권력등에는 '왜 입 다물고 있느냐'고 반문한다면 뭐라 할 것인가.

거기다가 진짜 친일이라도 하고서 친일파라는 소릴 듣는다면 덜 억울할 텐데 자기 자신들도 모르는 사이에 친일 분자들을 돕고 있으니 한심한 일이 아닐 수 없다. 일제시대의 친일파들이 당신들과 똑 같은 경로로 탄생했다는 것도 아울러 살펴보라. 유신헌법을 만들었던 서울대 헌법학교수를 똑

똑히 기억하고 있다.

야구선수한테 왜 축구는 안하느냐고 따지는 미친 존재감에 천방지축을 모르는 인사들이 동포사회를 어지럽히고 있다.

한민족의 기구한 운명

사람이 죽는 것은 운명이고, 벌써 3년 전에 뇌경색으로 병자가 된 김정일 위원장의 사망에 대해 그렇게 놀랄 것은 없다.

다만 어떤 변화, 그 변화가 희망적이라기보다는 불길해 보이는 변화가 한반도와 한민족을 감싸고 있어서 느낌이 좋지 않다.

포스트 김정일에는 익히 알려졌다시피 27세라고도하고, 29세로 알려진 김정은이 3년 전 부터 후계구도를 구성해 왔다지만 공자가 쓴 논어에도 30세를 이립, 입지(而立, 立志)라 하여 가정과 사회에 기반을 닦을 나이마저 안 된 젊은이가 이토록 어지럽고 복잡 미묘한 한반도와 민족의 장래를 책임지는 다른 한축의 정점에 서있게 되었다. 그에게는 우리의 2세들에서 보듯이 '민족' 개념과 '통일의 당위성' 같은 인식이 현저히 낮을 것이기에 민족의 장래가 불안하다는 생각이다.

94년 김일성 주석이 사망했을 당시 김영삼 정부에서 비밀리에 남북정상회담을 추진했던 한 인사는 정상회담을 얼마 앞에 두고 일어난 이 일로 인해서 '한민족의 분단문제가 왜 이토록 꼬이는지'하고 한탄했다는 후일담을 들었다.

그 때 남북교류의 물꼬가 터졌더라면 국민의정부, 참여정부를 거치면서 통일에 대한 진도가 속도를 더해서 이미 '절반의 통일'은 이루고도 남았을 시간이다. 그 일을 하고자 했던 남북한 당사자들이 이제 이 세상에는 없다.

통일이 위정자 몇 사람의 결단만으로 이루어 질 수 있는 간단한 문제는 아니지만 그게 가장 쉽고 혼란과 피해를 최소화 할 수 있다는 점에서 대단히 중요하다.

분단이후 통일을 향한 방법론이 꾸준하고 다양하게 제기되어 왔었고, 기술적 접근에 가장 장애가 되는 반통일 세력이 반드시 김일성과 김정일뿐이고 남쪽에는 없었는가, 여기에 국제사회의 이해관계가 한반도의 통일에 장애요소는 아니었나를 되짚어보는 것도 이 시대에 우리가 다시 한 번 생각해 봐야 할 과제다.

핵을 가지고 있다는 이유로 모든 남북관계를 단절하고, 그 핵을 왜 만들었는가 보다는 어떻게 만들었느냐 하는 걸 가지고 링 밖에서만 빙빙 돌다보니 통일에 대한 주체적 정책이나 비젼도 없고 시스템도 없다.

'죽었으니까 어떻게 되겠지' 이런 건 일반 국민들 수준에서 하는 생각이고 정부나 국가시스템은 국민들이 갖는 막연한 기대와 불안감을 해소하고 보다 능동적으로 정부정책을 신뢰하도록 해야 하는데, 오늘 한국정부가 갖고 있는 대북정책은 무엇인가? 딱히 답이 없다.

3대 세습을 반대한다고 공허한 메아리만 날라 다니고, 김정일이 죽으면 별스런 방안이라도 있을 줄 알았는데 조문문제 하나도 제대로 풀지 못하고 있는 실정이다.

주변국 눈치나 봐야 하는 상황에서 주도권을 이미 중국에 빼앗기고, 미국과 일본의 뒤에서 뭘 어쩌겠다는 것인지 한심하기만 하다. 장례기간이 지나고, 모든 이해 당사국들이 북한사회의 동향을 예의주시 할 텐데 북한사회의 안정을 바라는 것 외에 통일의 주체인 우리나라가 할 일이 어떤 게 있을까. 궁금하고도 못 미덥다. 북한 내부 불안정, 또는 강경군부세력의 득세로 걷잡을 수 없는 상황으로 빠져들지 않을까 멀리서도 우려되기만 한다.

대한민국 헌법 제 3조에 대한민국의 영토는 한반도와 그 부속도서로 한다. 제4조는 대한민국은 통일을 지향하며, 자유민주적 기본질서에 입각한 평화적 통일 정책을 수립하고 이를 추진한다고 되어 있다.

위기는 분명 기회일 수가 있다 하겠으나 어디까지나 준비된 사람들의 이야기다 .

헌법정신에 얼마나 충실하게 국가경영을 했는지 이 시점에서 냉정하게 뒤 돌아보았으면 하는 바램이다.

황금평

우려했던 게 현실이 되고 있다. 중국경제와 국력의 부상은 이제 옛 애기가 된 지 오래다. 세계가 사실로 받아들이는 일을 감정적으로만 대해서는 국제관계에서 왕따 되기 십상이다.

남북관계의 경색과 한반도의 긴장고조로 인하여 경제 군

사적으로 상대도 안 될 북한을 놓고 안보장사나 하고 있는 사이에 분단의 고착화가 실제 이루어 질 수도 있겠다 싶어서 안타깝다.

분단 60년을 넘어 100년, 그렇게 긴 시간이 아니다. 이대로라면 더 길어질 가능성까지 있어 보인다.

결론부터 말하자면 미국과 중국, 양국의 힘의 균형추가 되어버린 한반도 상황, 양 강대국의 힘이 무너지는 상황이라야 그 어떤 변화를 기대하는 그런 상황에 민족의 운명이 내 던져진 상황이다. 그런데 그 균형이 쉽게 무너질 것 같지가 않다.

오히려 지정학적으로 중국의 영향력이 훨씬 강해질 가능성이 농후하다. 독 안에다 가둬두고 뚜껑만 덮어 놓으면 견디다 못해 두 손 들고 나올 걸로 생각하고 밀어붙였던 북한 고사정책이 엉뚱한 곳에서 뚫린 것이다.

황금평, 압록강 어귀에 있는 여의도 4배가량의 섬이다. 섬의 80%가량이 평평한 경작지로 가을이 되면 황금빛 벼이삭으로 덮인다고 해서 황금평으로 부른다고 한다.

지난 2010년 6월6일 북한은 30여년 만에 북중 친선을 위해 황금평 개발 등 경협을 강화하기로 하고 황금평 개발 착공식이 열렸다.

지난해 12월 양측이 황금평·나선특구 합작 개발을 위한 양해각서(MOU)를 체결한 지 6개월 만에 황금평 개발이 본격화된 것이다.

향후 50년간 중국으로부터 임대료를 받고 임대를 해주고, 50년을 연장해서 도합 100년을 임대로 내주는 경협을 시작한 것이다. 중국이 향후 100년간 북한 영토의 일부를 임차해서 공장과 상업센터를 운영하게 되는 것이다.

중국 입장에서는 그렇게 까다롭던 북조선이 호박이 덩굴채 굴러들어 온 셈이다.

북한의 변덕에 의해 발생할 위험에 대해서는 80%까지 중국당국에서 보상해준다는 내용까지를 담고 있으니 기업체들도 값싼 노동력에 따라 급속한 투자가 이루어 질 것이란 전망이다. 벌써부터 인접한 단둥시의 집값이 오르고 있다는 소식도 있다.

중국은 이미 세계의 공장이자 세계의 시장이다. 앞으로 미국기업도 살아남기 위해서 중국시장을 열지 않으면 당장에라도 고꾸라질 입장이고, 세계최대 달러보유국에다 미국국채를 가장 많이 가지고 있어서 당장에라도 이 두 가지만 가지고도 믿기지 않겠지만 미국경제를 쥐락펴락 할 수도 있다.

한국정부도 통일부를 통해 양측의 경협을 축하한다고 대외적으로 발표는 하였다.

그런데 이곳에 공단을 투자하라는 제안서를 2년 전인 2009년에 우리정부에게 먼저 제안했었지만 유야무야 되었다. 이런 사실을 두고 소위 '북한전문가'라는 사람들은 그곳의 지정학적 역사적 의미가 무엇인지 애써서 외면한 채 북중 경협으로 고속도로가 중국으로 뚫리고, 시장경제시스템이 작동하면 북한체제가 변할 것이라는 70년대식 인식수준을 내놓고 있다.

여우는 포도를 따려고 하다가 딸 수 없으니까 자기변명이라도 했다지만 이건 국가대사를 '죽 쑤어 개주는 꼴'로 만들었을 뿐만 아니라, 차기정권이 들어와서 다시 시도하기도 어렵게 만들어 놓았다.

국민들은 어떤 생각을 하고 있을까 ?

평화적 통일을 자문한다는데…

미국에 와서 보니 '민주평통'이라는 단체가 있었다. 물론 헌법기구이니 당연히 한국에도 있다. 이 단체를 유심히 들여다보니, 유신헌법에 의해 만들어진 '통일주체국민회의'가 그 전신이었다. 국민들을 따돌리고 체육관에 갇혀서 대통령 간접선거를 하고 독재자를 옹호하는 국회의원까지 선출했던 기관이다. 여기에서 선출된 전두환이 대통령이 되고나서 이름만을 살짝 바꾼 것이 민주평화통일자문회의, 이른바 '민주평통'이다. 한국에서는 조직이 어디 있는지조차 모를 정도로 꺼려하는 데 해외에서는 어지간히 복잡하고 시끄럽다.

속해 있는 분들마다 가입배경에 각 나름의 생각과 사정들이 있었겠지만, 조국의 평화적 통일을 위한 순수한 애국심과 열심히 일해서 입지를 다진 다음에 뭔가 조국을 위해 봉사 희생할 수 있다는 뿌듯한 마음으로 의장인 대통령도 직접 볼 수 있기도 해서 많은 분들이 자천타천 참여했을 것으로 생각한다. 민주정부시절에는 북한도 직접 방문하여 실상을 직접 보고 돌아와서 통일에의 입장과 의지도 일견 가지게 되었고, 자부와 긍지는 물론 주변으로부터 존경과 선망이 되었던 때도 분명 있었다.

극히 일부일 것으로 보이지만 평화 통일을 목적으로 하는 이 단체가 천신만고 끝에 남북이 평화적으로 통일하자고 선언했던 '6.15 남북 선언'을 정면으로 비판하고 부정하는가 하면, 5.18은 북한 특수군이 자행한 사건이어서 유네스코 세계기록유산 등재 반대청원서를 보냈던 단체(국정협)의 발기인이 이 단체를 총괄하는 부의장이 되었다.

본국은 그렇다 치자. 본국 국민들이 낸 세금과 자체 조달 회비로 운영되는 단체이기에 조금만 숙고한다면 얼마든지 독립적이고 자율적으로 조국통일에 대한 신실한 자문역할을 할 수 있을 것이다. 그러나 선정기준도 모호한 인사들로 채워진 이번 워싱톤 평통을 포함, 미주평통이 시작부터 시끄러울 수밖에 없는 것을 그나마 다행으로 생각하는 것은 대다수의 위원들이 평통의 정치색 배제와 낙하산의 하수인 되기를 거부하고, 전쟁을 배격하여 평화적 통일 방법을 모색하는 평통 본연의 역할을 감당하고자 하는 충정이 아직까지 남아 있다는 반증적 시각이 있기 때문이다.

주변을 돌아보라. 먹고살기 힘들어 하루하루 연명해 가는 수많은 동포들이 있다.

노력의 결과이든지 운이 좋았든지 현재의 입지를 이루워 한인사회에 봉사와 희생을 할 각오라면 통일에 관한 저서나 논문 몇 편 정도는 읽은 후 통일에 대한 방법론적 차이들을 비교 하고 감안해서 균형된 시각과 포맷을 가지고 임기에 임해야 된다고 생각한다.

이번 정부 들어서 이해당사국끼리의 대화는커녕 끼지도 못하고, 참석하고 싶은 의사가 있는지도 모르는 본국정부에 대해 무엇을 자문하겠다는 것인지 안타깝고 처연하다.

거금의 년 회비를 내고 선임이 된 130여 명 중 80여명이

주렁주렁 임원급으로 임명된 국가기관에서 하는 일에 무슨 딴지냐고 시비 할지 모르지만 본국에 남아있는 자산의 일부에서 세금이 나가고 있고, 그 세금으로 운영이 되는 단체에 대하여 최소한의 권리주장을 하고자 하는 것이다.

분명하게 충언을 좀 하자면 '평화통일'에 좀 제대로 자문하시라 하는 것이다.

'우리끼리'와 '우리가 남이가'

'민족'을 생각할 때마다 혼돈이 약간 있다.

지나친 감상이 현실을 왜곡시킬 수 있음은 두말할 나위가 없다.

하지만 민족이라는 관념 자체만 놓고 생각하면 한없이 부드럽고 자상하고 질곡을 같이해 온 어머니 같은 뉘앙스에다가 여리고 착해서 누구를 해치고 말 여지도 없는 고향과 같은 느낌이 들게 한다.

그런 의미에서 나는 우리민족을 사랑한다. 그들이 세상 어느 도처에 있든지 감정이 통할 것으로 생각되기 때문이다.

같은 형제들도 결혼하고 독립한다든지 멀리 살고 있으면 여러 가지가 달라진다.

그래도 형제는 형제다.

그런데 여기에 '민족주의'를 들고 나오면 뭔가 복잡해지면서 계산된(?) 어떤 작용들 때문에 뇌가 긴장되고 경직된다.

그것은 아직도 통일을 이루지 못하고 있는 유일한 민족이 다름 아닌 우리민족이기 때문이다. 얽히고 설켜서 '통일'이라는 용어 자체도 허상과 이해가 끼어든 지 오래 되었다. 혼자만의 생각 때문인지 평소에 즐겨 쓰는 우리말에서조차 '이념'과 정치공학적인 연상부터 하는 고약한 습관이 생겨버렸다.

20세기에 분단된 민족이 재결합해서 통일을 이룬 사례가 잘 아다시피 베트남과 독일이 있다. 많은 연구와 사례들 중에서 어떤 방법과 사례가 한반도 통일에 마땅할 것인가는 사람마다 다를 수가 있고, 논란의 소지도 있다.

대다수의 통일연구가들이 그렇듯이 개인적으로도 독일식 통일방법이 가장 현실적이라는데 동의한다.

베를린 장벽이 무너진 지도 금년 11월 9일로 22년이 흘렀다.

수많은 주위 유럽국가들의 반대와 협잡을 그들은 '독일민족'이라는 이름으로 물리친 것이다. 같은 민족끼리 통일하겠다는 의지는 어쩌면 천륜인 것이다,

그러면 왜 45년간이나 통합을 하지 못했고, 통합하지 못하면서 두 나라를 지배했던 양측의 위정자들은 독일민족 앞에 무엇으로 기록 되겠는가,

그들도 똑같이 민족의 이름을 빌어 통일을 입에 담고 통치하였을 것이요. 그 당위성을 크게 외쳤을 것이다.

통일을 막상 이루고 나니 주변국들이 패를 갈라서 합쳐지지 못하게 협잡질 했던 게 얼마나 우스운 꼴이 되어 버렸는가.

그런가 하면 양국가의 내부에 있는 주변국가 협조세력(?), 즉 반 통일세력의 역할이 대단했음도 두말할 나위가 없다.

그럼에도 불구하고 그들의 대부분은 깨어있는 민족정신으로 문학과 그림으로, 영화와 음악, 경제교류와 체육으로 '우리가 남이가'를 끊임없이 부르짖었다.

지금의 남북한 경제력 차이는 89년 동서독이 1:4 였음에 비해 2010년 현재 38:1이다. 더 이상 비교할 것도 없다.

'우리끼리'가 폐쇄적 민족주의와 패거리문화를 떠올리게 하는 우리말이라면 '우리가 남이가' 이는 얼마나 호방하고 진취적이며 시원한 말인가.

그런데 이 동네에서 듣는 '우리가 남이가'는 치졸하고 유치하다.

말은 이렇게 '우리가 남이가'하면서 행동은 '우리끼리'하는 정권이 있다면 그들이야 말로 '반통일 세력'이자 '반민족세력'이 아닌가!

'우리가 남이가' 하면서 부산의 어느 복집 구석에서 국민들이 낸 세금 3,000억을 대통령선거자금으로 주고받았던 그들(노태우, 김영삼)이나, 단 1개 기업으로부터 천억 대의 선거자금을 트럭으로 실어 날랐던 그들(이회창)에게서 민족정신은 무엇이며, 20억을 받았다 되돌려 준 사람(김대중)이나 10억원을 빌렸다는 사람(노무현)에게 가해졌던 '그들만'의 잣대가 아직도 건재한 대한민국이니 어느 세월에 통일이 될까.

제3부

사람 사는 세상

지금도 돈으로 노벨상을 살 수 있는가?

(고 김대중 대통령을 추모하면서)

1998년 6월 고 정주영 현대그룹 명예회장이 소 500마리를 끌고 고향인 강원도 통천으로 휴전선을 넘어 갈 때 TV를 지켜보던 국민들은 주야장천 돈만 벌 줄 알았던 80넘은 노인네가 '참으로 돈 한번 기막히게 잘 쓴다.'고 입들을 모았었고, 그토록 부르짖다가 지친 통일이 드디어 손에 잡히는구나 성급한 생각도 했었다.

세계도 깜짝 놀랐다. 도무지 타협과 협조, 대화라는 걸 모르던 남과 북이었다. 같은 민족인데도 철천지원수가 따로 없었다. 옆에서 지켜보던 남들이 안타깝다 못해서 대화를 주선해 보려고 해도 일정조차 서로 맞추지 못했다.

소떼 방북 이벤트는 이산가족상봉 프로그램 같은 정략적 이벤트와는 달리 그 발상과 실행이 가히 파격적이라 할 수 있었다.

이전 정부에서였다면 이게 가능 했을까?

98년 11월부터 겨레의 명산 금강산 관광이 시행 되었다. 죽기 전에 가 볼 수 없다던 곳이 누구나 다녀 올 수 있는 곳이 된 것이다.

2000년에 들어서 남북 철도와 도로연결합의를 끌어내고 착공했다. 민족의 동맥을 연결시키는 사업이었다. 많은 사람들이 김대중이 대통령되면 빨갱이세상이 되니 이민 가겠다는 말이 공공연하였다.

아니나 다를까 하는 일마다 그들의 머리로는 상상이 안

되는 일이 발생했다. 듣고 떠들자니 미친놈소리 들을 것 같고, 조용히 있자니 아무런 이유도 없이 분통터지는 일이 아닐 수 없다.

5번의 죽을 고비를 거치는 동안 한 번도 불의와 타협하지 않았던 민주투사 김대중의 시련은 70년 대통령선거에서 46%의 득표를 하고도 박정희에게 패할 때부터 기인한다.

김대중을 최대의 정적으로 여긴 박정희, 그의 권력을 향한 변신은 화려의 극치를 달린다.

군대 내 남로당 총책으로 사형언도까지 받았던 박정희로부터 '빨갱이' 딱지를 선사(?)받은 지 30여년의 세월이 흘렀다.

그의 통일정책은 이전의 남북한 통일정책과는 전혀 색다른 접근이어서 북에서 조차도 변명과 회피를 못할 정도였다.

치밀한 정책으로 남북의 마음을 녹인 끝에 2000년 6월 제 1차 남북 정상회담을 이끌어 냈다. 북한 김정일이 서울에 오는 것 이상으로 대한민국의 국운과 목숨을 담보로 하는 회담이었다. 철학과 소신을 바탕으로 비젼을 제시하는 민족적 지도자의 모습을 한민족과 전 세계에 알리는 쾌거이자, 이를 토대로 남과 북이 바다, 하늘, 땅을 연결하고 나아가 중국과 러시아, 동유럽까지 시베리아 철로를 연결하여 한반도를 주변국에서 중심국가로 발돋움 할 터전을 만들어 놓았다.

박해와 시련, 오해와 온갖 협잡 속에서도 97년 건국 이래 최초로 평화적 정권교체를 이룩한 정치인 김대중, 그의

김대중대통령 서거2주기추모식에서 대통령이 평소 즐겼다는 '쑥대머리' 완창 수도장로교회

당선을 놓고도 협잡질은 그칠 줄 모른다. 지역주의, 대통령병 환자라느니, 지역감정에 기생하는 반쪽짜리라느니, 험담이 이만저만이 아니다. 누가 왜 지금도 지역감정을 건드리는가?

그들이 누구인가를 유추해 알아내는 건 삼척동자도 아는 일이 되었다. 그는 자신으로 인해 그 지역이 차별과 홀대를 받았음에 책임이 있음을 통감했다. 일본이 우리에게 했던 유사한 탄압과 차별을 해방 조국에서 받아왔던 지역이지만 당선된 뒤로는 못사는 친정 돌 볼 생각 말고, 시집살이 잘하는 것으로 행복하다면 그만이었다. 소위 민주진영에서조차 지역을 볼모로 하는 소인배 정치인으로 바라보는 시각에 대해 엄중한 판단을 다시 한 번 맡겨보고자 한다.

21세기를 목전에 둔 97년 말, 더 이상 우리 힘으로는 국가의 재정을 꾸려 나갈 수 없다고 대외에 국가 부도를 선포한 다음에 김대중은 15대 대통령에 취임한다. 대통령 김대중의 역할이 시대적 사명으로 주어졌다. 그토록 바래왔던 대통령에 취임했지만 축하받을 겨를이 없었다. 비장하기까지 했던 담화내용은 음습했던 반대자들까지 국가 재활에 나서게 했고, 상장기업의 부채비율을 350%에서 150%까지 낮추고, 99년에는 유래 없이 10.5%의 경제성장율을 이루면서 약속보다 3년이 빠르게 2년 만에 빌렸던 돈을 상환하고 경제신탁통치를 벗어났다.

남북의 화해와 평화, 국가인권위원회 설립, 남녀평등, 국민기초생활자의 보호 등에 전세계는 감동했고, 그해 노벨평화상 부문엔 빌 클린턴 당시 미 대통령을 비롯한 115명, 35개 단체가 몰려 사상 최대 경쟁률을 기록했으나 노르웨이 노벨위원회는 2000년 노벨평화상 수상자로 평화전도사 김대중을 선정하는 데 주저하지 않았다. 한국인 최초의 노벨상 수상자였다.

그런데 노벨상 수상을 둘러싼 이상한 억측과 질시는 익히 알려진 대로 막장을 치달았다.

"난 김대중에게 노벨상 을 주지 말라는 한국인들의 로비 시도를 받았다. 노벨상은 로비가 불가능하고 로비를 하려고 하면 더 엄정하게 심사한다. 한국인은 참 이상한 사람들이다. 김대중의 노벨상 수상 을 반대하는 편지 수천 통이 전달되었다.

내가 노벨 위원회에 들어온 이래, 노벨 평화상을 수상하는 나라에서 반대를 표시하는 편지가 날아 온 것은 처음 있는 일이었다." 노벨위원회 군나르 베르게 위원장이 당시에 했던 말이다.

2009. 8월 그는 85년 영욕의 생을 마감한다. 용서와 화해를 실천한 조용한 거인이 가라 앉았다. '지원은 하되 간섭하지 않는다'는 그의 문화와 방송언론정책 때문에 많은 개그쇼에서 웃음거리로 등장해도 국민이 행복해 했고, 21세기 IT강국의 선점은 오늘날 우리들이 온 몸으로 누리고 있기도 하다. 그가 떠난 지금에도 '이유 없이' 미워하는 사람들은 한번쯤 '나도 혹시 그의 가해자가 아니었나' 되돌아 보았으면 한다.

그해 9월 시사주간지 뉴스위크는 시대와 국가를 변화시켜 전 세계인의 존경을 받는 11명중 한명으로 그를 선정 했다.

민주투사 김대중, 정치인 김대중, 대통령 김대중, 민족지도자 김대중, 평화전도사 김대중의 다난했던 영혼에 평화와 안식이 함께 하길 빈다.

개작두와 싱가포르

"개작두를 대령하라!" "쳐라!"

부패황족에게는 용작두, 부패관리에게는 범작두, 일반잡범에게는 개작두, 작두 끝 손잡이에 동물형상을 새기고 용도에 따라 범법자의 목을 무지막지하게 작두로 잘라버리는 순간 TV화면은 튀긴 핏물로 뒤덮이면서 드라마가 끝이 난다.

판관 포청천, 중국 북송시대 지방관으로서 부당한 세금을 없애고, 억울한 사건을 해결해 민심을 돌보고, 악랄하고 부패한 정치가, 권력자(왕실,귀족)들을 가차 없이 작두로 처벌한 실존인물 포청천, 대만에서 극화한 드라마를 1990년대초 TV에서 방영할 때 밤늦은 시각이었으나 꽤 인기가 있었다.

문민정부가 막 들어서 하나회를 척결하고, 과거의 부패를 정리하는 시점이기도 하거니와 부패로 인한 좌절과 사회적 스트레스를 해소하려는 국민적 기대를 드라마에서 풀었던 기억이 새롭다.

인정사정이 없었다. 사형제 폐지나, 사형수의 인권도 존중되어져야 한다는 현대의 논리대로라면 아무리 그가 극악무도한 탐관오리라 했더라도 그렇게 작두로 목을 댕강 잘라버린다는 건 후진적이고, 반인륜적인 게 틀림없으나 국민들은 왜 거기에서 가느다란 희열마저 느꼈을까?

갤럽이 최근 4년간 148개국의 성인들을 대상으로 조사한 결과 한국은 가장 이민 가고 싶은 나라 50위로 조사 되었다. 작년의 경제규모가 세계 15위였던 것과 비교하면 삶의 질이 상대적으로 떨어진다고 볼 수 있다.

반면 1위는 싱가포르, 뒤를 이어 뉴질랜드와 캐나다가 2,3위를 차지했다. 싱가포르의 그 무엇이 가장 살고 싶어 하는 나라가 되었을까. 싱가포르 또한 무식하게 집행하는 형벌인 태형으로 유명하다

태형 집행에는 2~3명의 교도관이 참가한다. 이들은 길이 4피트(1.2m),너비 3㎝짜리 회초리를 약 3m 뒤에서 달려나오며 휘두른다. 죄수의 발목, 허벅지, 허리, 손 등은 모두 단단히 묶어 장파열 등을 예방한다. 간호사가 반드시 입회해 만일의 상황에 대비한다. 살이 찢어지면 약을 바른 뒤 태형을 계속 집행한다.

한 번 선고된 태형은 어떤 일이 있어도 반드시 집행된다.

포청전 출연진

태형은 죄수의 불안감을 극대화하기 위해 불시에 불러 이뤄진다. 집행 도중 죄수가 실신하면 병원에서 치료한 뒤 나머지 매질을 가한다.

태형의 충격은 상상을 뛰어 넘는다. 남성은 발기부전증에, 여성은 불임에 걸릴 수 있다. 싱가포르는 다른 이슬람 국가들과는 달리 여성에게는 태형을 내리지 않고 있다.

태형은 16세~50세의 남성에게만 적용할 수 있다. 성폭행과 강도, 불법무기 소지 등 약 40개의 범죄는 태형이 반드시 적용된다. 사기나 과실치사, 성추행 등은 법관의 재량에 따라 태형을 내릴 수 있다. 고혈압이나 심장병이 있는 범죄자는 면제 받을 수 있지만 실제 적용된 예는 드물다.

과거 포청천과 현대의 싱가포르, 먼 나라 딴 나라 얘기로만 흘리고 싶지 않다. 당장 수입이 시급하다. 심판이 공정한 세상에서 살고 싶다.

격노당 될 줄을 그렇게도 모르셨습니까!

시골에 홀로 계신 아버님께 전화를 하면 전화를 받지 않으신다. 장남으로서 뫼시지 못하는 것이 순간 죄책감에 사로잡히게 한다 .

불안해서 밤에 전화를 드려보지만 여전히 전화를 통화하기가 쉽지 않다. 경로당에서 친구들과 어울려 같이 밥도 지어먹고 잘 지내니 걱정 말라고 하시지만 마음 불편하긴 매한가지다.

본인은 그게 편한 것이라고 하시지만 자기자식들도 거두기 불편해하는 세태이고 보니, 동네 분들께 폐를 끼쳐 드린 것 같아서 항상 마음 한구석이 걸린다.

동생이 손 전화를 사 드린 뒤로는 통화가 잘 되어서 다행이나 주무실 때를 제외하면 마을의 경로당은 어르신들의 놀이터요, 직장이고, 삶의 중심이 된 지 오래다.

연로하신 장모님도 사시는 곳만 다르지 거의 같은 생활이다 보니. 객지에 나와 있는 나 같은 처지의 사람들에게는 경로당은 이제 없어서는 안될 만큼 중요한 곳이고, 고향에 가서도 경로당에 인사가면 동네 분들을 한꺼번에 만나 뵐 수가 있고, 그래서 빈손으로 갈 수도 없지만 다녀오고 나면 마음이 흡족하다.

이런 경로당이 선거철만 되면 북적인다
어지러운 듯한 세상사에 젊은이들 하는 걸 보면 정신 나간

친구들 같기도 하고, 아무리 지들이 잘났다 한들 내 자식들 하는 걸로만 짐작을 해봐도 배알이 뒤틀리는데, 어느 해 였던가.

대통령 선거를 며칠 앞두고, "연세 드신 어르신들은 집에서 쉬시고…"라는 유력 정치인의 뼈있는 말실수는 전국의 경로당을 격노당으로 만들고서부터 정치에 관한 한 부모 자식 간에도 대화의 여지가 없어졌고, 한마디라도 정중하게 거들라치면 너도 똑같은 젊고, 싸가지 없는 것들로 매도당하기 십상이었다.

잊을 때가 되면 우국충정을 둘러 맨 사람들이 신문과 방송으로 어렸을 적 전쟁타령으로 도배질을 해댄다. 그 시절 피난길에 들었던 바람찬 흥남부두~ 가 느닷없이 되살아나고, 한 겨울에 짚신 엮어서 신고 지고 피난 다니던 아픔이 다시 도지기도 한다. 그 배고팠던 시절을 모르는 철부지들이 무엇을 한다한들 믿을 구석이 눈 씻고 찾아 봐도 찾을 길이 없으니, 이 강토 조상, 이 목숨 지켜줄 이는 미국과 미국을 할아버지처럼 섬기는 그들밖에 선택의 여지가 없는 것은 당연지사다.

이리 꼬이고, 저리 엮인 기막힌 현대사를 오랜만에 찾아뵈는 어른들 앞에 어디서부터 어떻게 설명해야 옳을지 몰라하다가 투표 잘 하십시오. 하고 나오니, 평소에 부락 일을 뒤에서 한다는 분이 저 보소, 뭔 말을 제대로 못하잖여, 구관이 명관인 거여 하고 한마디 하고나면, 경로당이 온통 묻지마 투표장 되는 건 한순간이다.

그런데, 당장 올 겨울부터 전국의 경로당에 지급되는 난방비가 지급되지 않을 수도 있다.

무슨 말이냐구요?

어느 야당 국회의원이 7월23일 기자회견을 갖고 보건복지부가 최근 기획재정부에 제출한 '2011 년도 예산 요구안'을 공개했다. 우선 노인들이 추운 겨울날 경로당에서 친구들과 대화를 하며 따뜻하게 보낼 수 있도록 지원하는 경로당 난방비를 410억6천500만원 전액 삭감했다.

그는 "대한민국 어르신들은 OECD 국가 중 노인 빈곤율 1위, 노인 자살률 1위로 절벽 끝에 내몰려 있다"며 "4대강에 수십조의 예산을 증액편성하면서 돈이 없어 어르신들의 경로당 난방비를 삭감한다고 하는 것은 말이 안 된다"고 했다.

투표해서 잘하라고 나랏일 맡겼으면 조용히 지켜보면 될 일 가지고 왠 소란인가, 할 수도 있겠고, 자식들 잘 가르쳐서 호의호식하는데 경로당 같은 델 왜 가느냐고 한다면 말을 더해 무얼 하겠는가!

이에 앞서 7월 18일 기획재정부가 2/4분기 경제 성장율이 4.9%이고 ,내년 전망치를 5.0%를 상회할 것으로 전망했다.

그런가 하면 공교롭게도 같은 23일 한해 1조원 이상 순익을 내는 꿈의 1조원 클럽 가입기업이 20개를 돌파할 것이라는 기사가 신문마다 넘쳐나고 있다.

모두가 희생했다. 오직 한사람을 위해서 누이들은 겨우 초등학교만 마치면 그나마 다행이었고, 장남하나를 위해서 나머지 형제들은 더 똑똑해도 소용이 없었다.

그 장남이 서울로, 미국유학으로 떠나 입지를 이루고 날 때쯤 아버지는 긴 숨 몰아쉬면서 형제간의 우애를 유난히 강조하시지만 허망하기만 하다.

공지영의 '도가니'와 군인의 명예

미국역사상 생존 해병대 장병으로는 처음 최고 무공훈장인 명예훈장(Medal of Honor)을 받았던 마이어 다코타 전병장, 오른 팔에 총상을 입는 상황에서도 '자신의 임무'를 끝까지 수행한 결과 4명의 동료장병 시신은 물론이고 궁지에 몰린 13명의 다른 동료대원과 다친 아프간 장병 13명을 구해냈다. 또 최소 8명의 적군도 사살했다.

무공훈장 수여사실을 대통령이 직접 알리기 위해 백악관 참모들이 그와 연락을 취하려고 했는데 그 참모는 마이어 병장의 점심시간까지 기다려야했다는 것이다.

일과시간에는 자신의 일에만 집중해야 했기 때문이다. 생사를 넘나들며 탈레반과 전투를 벌였던 그가 영국의 군수업체인 BAE시스템스에 취직했고, 이 회사가 파키스탄에 무기를 팔고 있다는 사실을 알고, 팔린 그 무기가 자신의 동료를 겨누게 될 것이라는 생각에 즉각 그의 상사에게 항의하자 그를 질책하고 왕따를 시켰다. 그래서 이직을 하려고 했으나, 이직도 못하게 방해를 해서 그는 지금 실직 중이고, 군수업체를 상대로 소송중이라고 CNN이 11월 29일 보도했다. 그 결과는 어떻게 날까, 만약에 이런 유사한 일이 한국이라면 국민의 90%이상이 그 결과를 이미 알고 있을 것이다. 그런데 미국이라고 해서 별다르지 않다는 것이 내 생각이다.

1951년 5월 17-25일 사이의 현리전투는 한국전쟁에서

공지영 작가와 함께

제 1의 패전사로 기록된다. 당시 군단장이던 유재흥, 그가 사단장일 때 7사단은 해체된다, 덕천에서는 중공군의 꽹가리 소리에 놀라 2군단이 궤멸하고, 멀쩡했던 3군단이 현리에서 포위된 뒤 꽹과리 소리에 놀라 제공권을 장악하고 있어서 보급에 문제가 없었는데도 연락기를 타고 혼자서 도망쳐 버리는 지휘관, 3군단이 해체되면서, 1.4후퇴를 할 수 밖에 없었고, 전시 작전권이 미군에 이양되게 되었다.

그가 군인이기 이전에 기본적으로 일반 국민들 같은 애국심만 있었어도 남북분단 상황까지 뛰어 넘을 수 있었겠다는 생각을 하게 된다.

그랬던 그가 같은 일본 육사출신 후배 박정희정권에서 화려하게 부활한다.

주요국 대사로 워밍업 하다가 국방부장관까지 꿰찬다. 그런가 하면 한미연합사해체를 반대하고 더 나아가 군작전권 환수를 반대하는 선두에 선다. 참으로 어리둥절하고 통탄할 일이 아닐 수 없다.

현리 전투당시 중공군의 포로가 되어 북한에 억류되었다가 1994년 극적으로 탈출한 조창호 소위가 2006년 사망할 때까지 그의 옛 군단장 유재흥을 면담하려했으나 끝내 고사한다. 그런 유재흥이 엊그제 죽으니 국립현충원에다 묻었단다.

그와 조국에 충성을 다짐하다 전몰한 4,000여 3군단 예하 현리 전몰장병과 유가족, 후배 군인들에게 어떻게 '군인의 길'을 이야기하며, 부하들에게 '명예'를 말 할 수 있을까,

상기한 두 가지에서 엿 볼 수 있듯이 우리 사회는 크고 작은 안개에 둘러싸여 있다.

소설가 공지영의 소설 '도가니'의 무대가 되는 '안개 낀 무진시' 그 안개는 태생적으로 만들어질 수밖에 없다. 어느 개인이건 그 안에 선과 악이 공존하고 있고, 상황과 환경에 따라서 선이 악을 제압해 안개가 없는 평온함을 유지하기도 하지만 분에 넘치는 권력이나 돈이 있을 때는 어김없이 악랄함이 나타난다고 작가는 우리에게 말한다.

상호 보험적으로 연결되어 있는 사회적, 국가적 불의가 안개처럼 자욱함에 답답하기 그지없다. 워싱턴 동포사회라고 다를 것이 없는 것은 안개너머를 내다보는 '혜안(慧眼)'의 지기들은 보이지 않고, 머리 없이 발목만 돌아다니는 현상이다. 그들의 열정은 안개가 되고 만다는 것을 정작 자신들은 모르고 있다.

광고 안주면 이거 방송에 내보냅니다.

몇 번을 망설이다 펜을 들게 만든 사람이 바로 최시중 방송통신위원회 위원장이라는 사람이다. 독재자들의 뒤에는 항상 언론을 주물럭거리며 대중조작과 프로파겐더(정치선동)가 있어왔다. 가히 히틀러 치하의 궤벨스가 재림했다고 볼 수 있는 사람이다.

이 사람이 한국의 한국민주주의 역사에 끼친 악영향은 3.15부정선거, 5.16군사쿠데타와 맞먹는다. 우선 몇 가지 지수들를 비교해 보자.

세계 경제 포럼(WEF)이 발표한 2011년 한국의 국가경쟁력 순위는 24위다. 대단하다. 그런데 같은 기관에서 발표한 2007년에는 11위였었다. 거꾸로 간 것이다.

영국 이코노미스트 산하 경제연구소(EIU) 발표 2011년 IT산업 국가경쟁력분야는 16위다. 전혀 자랑스럽지 못한 것은 2007년에는 3위였던 분야이다.

마지막으로 국경 없는 기자회 언론자유지수 발표는 잘 알다시피 69위이다. 비교년도인 2007년에는 31위 였던 분야다. 위에 열거한 세 가지 외 지수는 일일이 열거할 수 없지만 금세기에 있어서 상당히 중요한 연관성과 의미를 갖고 있다.

가끔 지난 일은 아무 결론도 없이 무조건 덮어버리자는 사람을 만나면 물끄러미 쳐다보게 된다. 개인적인 성품에 대해 왈가왈부한다는 것이 이치에 맞지 않겠지만 모르면 가만이나 있을 것이지 이런 사람들치고 뒷말 무성하지 않은 사람이 없다.

표리가 부동하고 일본 놈 순사심보가 있어서 강자에게 비굴하고 약자에게 은근히 군림하려 든다. 심지어 쓰지도 않을 돈 몇 푼 갖고 재벌같이 위세를 하려 든다.

깊은 생각도 없이 강자 편에 서서 그들을 변론하려 들려고 할 때는 기가 막힌다.

미디어랩법이란 게 있다. 공중파방송은 투명하게 보호되어야한다는 취지에서 랩으로 싸 놓아야한다는 뜻의 법이다. 신문사를 경영하면서도 회사 사보나 다름없고 언론조작과 왜곡을 일삼는 조선, 동아, 중앙일보 등에게 방송까지 안겨주더니 광고도 직접 할 수 있도록 한 법이다. 랩을 안에서 뜯어 버리고 밖으로 나온 이것들이 어떤 괴물로 돌변할지 우려가 깊다.

이게 어째서 문제가 되는가?
얼마든지 광고주 협박수단으로 작용할 게재가 많다. 거꾸로 광고주를 비판도 못한다. 제대로 된 언론의 역할을 왜곡시킨다. 사회를 어지럽히는 것이다.

그 피해가 고스란히 소비자와 국민에게 돌아가게 되어 있다. 그 입법을 하고 지난 연말에 일반국민들이 알까 두려웠는지 슬그머니 여야가 어떤 합의를 했단다. 취지는 종편방송사들을 먹여 살려주기 위한 것임을 한눈에 알 수 있다. 하기야 그렇게 반대한 미디어법을 날치기 통과시킬 때도 국민들 대다수는 그들의 조작하는 바대로 반대하는 야당에게만 손가락질을 해댔으니, 서울시장 출마했던 나경원 같은 사람에게 어차피 국민들은 알지도 못하는 법이라고 천대와 멸시를 받아도 싸다.

말이 좋아 자유시장경제에 입각한 언론의 경쟁체제의 도입이지 이미 신문과 권력, 자본과 신문이 결탁해서 국민의 눈과 귀를 멀게 하고 여론을 왜곡시키는 등 국가 질서를 어지럽히고 선동까지 한다.

IT산업이 발달하여 종이신문의 기동성과 기능성이 현저하게 떨어지자 이미 80%이상의 언론시장을 장악하고도 부족하여 방송을 하사 받고, 거기에다가 1%시청율의 종편방송이 언론의 궤도를 벗어났는데도 끝까지 챙겨 주겠다는 저 강한 신념은 어디에서 나왔을까 ?

그 일의 중심에 이 사람이 있다. 그게 과연 신념 때문이었을까 ? 냄새나는 일이 벌써 드러나고 있다. 지켜보겠다. 최시중 방통위장의 1년 후를…

국가인권위원회와 사람 사는 세상

사람이 살다 보면 억울한 일이 한 두 가지가 아니다. 그 억울함을 모두 곱씹고, 그걸 해결하려 든다면 또 다른 혼란과 무질서, 가치체계의 재편을 야기하게 된다.

불가의 가르침은 '너의 억울함을 호소하려하지 말라, 또 다른 억울한 자가 생기나니' 그래서 참으라고 가르친다. 대부분 참고 살아간다. 시간이 지나면서 잊혀지지만 그게 좋을 때도 있다. 그야말로 세월이 약이다.

문제는 이런 착하고 순한 백의민족의 장점이자 약점을 이용하고, 악용하려는 일 때문에 우리는 법을 만들어서 약자를 보호하려는 노력을 꾸준히 해오고 있다.

또한 정치가 지향하는 궁극의 목표가 거창하게 호혜평등까지는 아니더라도 상대적 약자라는 사람들도 같은 하늘아래 살면서 억울하게 당하고 살지 않도록 배려해 주는 세상이 되어야 함은 당연하다.

'정의 사회 구현' 5공 때의 국가시책, 즉 국시였다.

'보통 사람의 시대' 6공 노태우 정권 때 국시였다.

'공정 사회 실현' 이명박 정부가 내 걸고 있는 현시적 구호이다.

구호가 요란할수록 뒤끝이 공허롭다.

국가 인권위원회라는 곳이 있다. 국가 인권위원회법 제1조에는 '이 법은 국가인권위원회를 설립하여 모든 개인이 가지는 불가침의 기본적 인권을 보호하고 그 수준을 향상시킴으로써 인간으로서의 존엄과 가치를 구현하고 민주적 기본질서 확립에 이바지함을 목적으로 한다.'고 명시돼 있다.

이곳에 인권에 무지하고 자기 논문 베끼고 재탕-삼탕 짜깁기 한 친일파 거물 후손 현병철이라는 사람을 인권위원장에 임명-날치기 취임시키면서부터 시비가 보통 아니다.

지난 5월에 조직을 관장하는 사무총장이 전격 사퇴하는가하면 11월 1일 국가인권위원회 차관급 상임위원 3명 중 진보-보수 성향의 2명이 현병철의 인권위 무력화와 전횡을 강도 높게 비판하며 동반사퇴 의사를 밝혀 충격을 주고 있다.

유남영-문경란 상임위원은 상임위 간담회에서 현병철에게 사퇴 의사를 표명했는데, 한나라당에서 추천한 문경란 상임위원(중앙일보 논설위원 출신)마저 '현 위원장 부임 이후

인권위는 파행과 왜곡의 길을 거쳐 이제 고사 단계로 전락하는 듯하다' '위원장 독주는 갈수록 심각해져 이제는 주변의 아픈 지적마저 아랑곳하지 않는 상황'이며, 이런 상황에 대해 그는 "독재라고 해도 어쩔 수 없다"고 했다.

증조부가 일제에 부역해 뼈 속 깊이 친일 성향이 있는지 모르는 사람을 국민의 혈세를 주어가면서 그 자리에 두는 임명권자는 대체 누구란 말인가!

2001년 설립된 인권위 9주년을 즈음해서 고등학교 엣세이 공모 대상 수상자가 현위원장은 인권상을 줄 자격이 없다면서 수상을 거부했다. 어른들이 참으로 부끄럽고도 창피할 일이다.

개인 간의 오해나 사기사건등은 민사나 형사사건으로 원만하게 조정 해결한다고 치자.

그런데 가해자가 국가일 경우, 그것도 국가권력의 남용일 경우에는 그 폐해가 당사자는 물론이거니와 사건해결과정에 있어서 국론분열과 예산낭비를 초래하게 되어 다시 국민전체가 피해를 보게 된다.

대표적인 사건이 5.18 광주 민주화운동이다. 이승만정권의 조봉암 국회부의장 사건, 3공 때 인혁당사건, 긴급조치 남용, 5공의 박종철 고문 살인 사건 등이 그것이다.

그와 비슷한 일이 2010년을 마무리하는 세모에 터졌다. 한명숙 전 국무총리의 불법뇌물 수수사건 공판 중에 뇌물을 공여했다는 피의자가 재판법정에서 '나는 한명숙전의원에게 뇌물을 준 사실이 없다'고 또렷하게 답변했다.

이 사건이 무엇을 의미하고, 어떤 파장을 예고하는지 몰라도 되는 인권위원회가 아니길 바라는 마음 간절하다.

기어도 저렇게나 잘 기어 갈 수가 있나

군대를 갔다 온 사람이라면 '바닥에서 긴다.'는 것이 무슨 말인지 잘 안다.

군대 애기라면 하도 식상해서 누가 들으려고도 안한다. 매일 때맞춰 밥 먹고 뛰고, 구르고, 보초서고, 잠자고 하는 일에 무슨 흥미가 있을까. 그러면서도 다시 꺼내게 되는 이유는 군 생활 이후에도 영향을 미치기 때문이다.

'각개전투'라는 것이 있다. 분대나 소대전투와 달리 기초훈련이면서 각 개인이 치루는 전투이니만큼 '내 몸은 내가 지킨다'에 충실하도록 훈련을 시킨다. 그 중에서도 모두들 잊지 않고 있는 것이 '철조망 통과'라는 과정이 있는데 총알이 날아다니는 곳을 납작 엎드려서 고지까지 최대한 빨리 접근 해야 한다. 배를 땅바닥에 철퍼덕 깔면 속도가 나지 않고, 그렇다고 몸을 일으키면 총알받이가 되니 양 무릎 안쪽과 팔꿈치만으로 전속력을 내야 하니, 몸 길고 다리 짧은 악어가 역주하는 모습을 연상한다면 이해가 빠를 것이다.

나중에 보면 무릎과 팔꿈치가 모두 벗겨져서 피가 흐른다. 핏자국이 없는 병사는 요령을 피웠다고 다시하기를 반복한다. 조국을 위한 훈련에 피 한 방울 아끼는 정성은 필요가 없다.

공정사회를 만들겠다. 구호가 요란할수록 뒤끝이 공허롭다.

공정사회는 원래부터도 없었고, 앞으로도 있을 수 없는 것이다. 다만 추구하는 이상일 뿐, 꿈마저 버릴 수는 없다. 라고 한다면 애교로 봐줄 수 있다.

지난 6월 지자제 선거 이후 모든 부자들은 천사가 되고, 대기업은 중소기업과 소상인들을 돕겠다하고, 차별 없는 사회, 더불어 사는 국가 건설에 올인 할 듯 했다. 그러나 임기 3년의 국무총리실 산하 이민화 기업호민관이 중소기업 동반성장 대책을 정부가 제동을 거는 웃지 못 할 사태에 대해 11월 17일 마지막 수단으로 사표를 제출한다고 말했다.

여기에는 수십, 수백 명이 알아서 기는 기막힌 각개전투장이 연출되었다니, 일신만을 위해 나이도 잊어가면서 오늘도 아픈 무릎 아랑곳 않고 열심이시다니 군대에서 익힌 솜씨가 전혀 녹슬지 않았나보다.

과거 직장에서 아무 쓸모없는 실적 부풀리기의 거품을 빼고자 했을 때 가는 곳마다 상하좌우 모두로부터 엄청난 압력을 받았지만 지근거리에서 같이 근무했던 몇몇 분들의 신뢰 하나로 그 어려운 일들을 해 낼 수 있었다. 그 어렵다던 년도대상을 영업소장 때 5연속, 37세에 최연소 영업국장이 되었고, 영업국장이 되어서도 4연속 수상했다. 사주가 바뀌고 나니 공염불이 되어버렸다. 수많은 주변의 시기와 협잡도 있었지만 정직이 그것을 가능케 해 주었다.

정직하면 바보가 될 수밖에 없는 한국사회의 병폐가 나로 하여금 미국행으로 내몰았던 아픈 기억이 되살아난다.

악화가 양화를 구축하는 꼬인 역사가 언제나 우리가슴에서 사라지려나.

나는 꼼수다

반집 승부를 앞에 두고 치열하게 수 싸움을 하는 바둑을 두는 듯, 알듯 모를 듯, 선문답 같은 이야기를 멤버 4명이서 주고받는 가운데 또 다른 멤버가 이해를 돕는다. 사회 정치적으로 가장 민감하지만 주류 언론에서는 다루지도 않고, 감히 못하던 부분들을 괴도 루팡을 쫓는 셜록홈즈처럼 그 '꼼수'들을 하나씩 시원하게 발라내 버린다.

듣는 이들이 그 얘기 속으로 마치 소설을 읽는 듯 빠져들어 가고, 네 명의 멤버는 사전에 조율과 연출도 없는 듯, 몇 시간동안 담론을 제시하고, 낄낄거리고, 때로는 분노를 희화해 가면서 담론에 대한 결론은 시청자의 몫으로 남겨둔다.

주유천하 김삿갓이 이러했을까? 이들을 두고 혹자들이 언론으로서 무책임하고, 여론을 선동하며, 편파적이라고 폄훼하려고 하면 할수록 그 열기는 오히려 도가니가 된다.

그들이 말한다. 우리는 언론이 아니지만 언론이 해야 할 성찰을 제시하고, 선동한다고 선동 당할 국민수준은 이미 아니란 것이다.

80%의 주류언론, 방송에 의해서 국민들의 선택적 가치를 마비시키고 있는 보이지 않는 무게 추를 잡아주기 위해서, 대한민국의 미래를 위해 편파적일 수밖에 없다.

국민적 갈등을 조정하고 단합과 협력을 통해 국태민안을 추구해야 할 국가지도자가 국민을 이간질 시키고 편을 가르며, 국론을 분열시키는 주체가 되어 있다면 반드시 역사와 민족의 장래를 위해서 지적하고 넘어 가야한다고 말한다.

'어떤 상식과 논리로도 설명되지 않는 무수한 불합리의 현장이 대한민국이다.'

선과 악의 가치기준이 사라져 버렸고, 오직 내편이냐, 적이냐의 편 가르기만 남아 있어서 비록 상대방이 옳은 행동과 말을 하더라도 틀린 것이 되어 버리고, 도저히 받아들이기 힘든 잘못이래도 그들이 내편이라면 전체 국가기관, 언론을 동원해 비호한다. 도덕불감증을 넘어 말과 행동이 전혀 따로 돌아다니는 억지논법에 국민들은 어느 시대를 살아가고 있는지 모를 지경이다.

그렇게 된 첫 번째 배경은 국민의 정치의식, 즉 낮은 민도를 정치인들이 이용했다고 해야 할 것이다. 이 점을 십분 이용한 결과로 한국 정치사의 굴절이 심화 되었다. 다소 논란의 소지가 있다손 치더라도 일반적인 분석의 틀을 전제로 1980년 27.2%였던 대학 진학율이 2010년 79%로 30년사이에 국민의 사회정치적인 의식수준은 이미 세계적 수준 이상이 되어 있는데도 막걸리 고무신세대에나 통할 법한 프로파겐다를 구사하고 있다.

둘째, 두말할 나위도 없이 언론의 제 역할 방기, 언론인의 소명의식, 특히 주류언론의 국민 바보 만들기, 가치관을 마비시키는 범죄를 민족과 역사 앞에 짓고 있다.

한 가지를 덧붙이자면, 사회 지도층의 비뚤어지고 뒤틀린 역사관이다.

일부 반국가적, 반민족적, 기회주의자들이 간신철학으로 무장해서 개인의 보신과 출세를 위해 나라도 팔아먹고 남을 처세로 기승을 부리고 있다.

위의 상황들은 '나꼼수'의 자양분이다. 내 보내야 할 소재가 하루에도 수십 건 쌓이지만 4명으로 감당하기엔 벅차다. 눈엣가시 같은 '나꼼수'를 어떻게 없애버릴까 골몰하는 어리석은 '꼼수'는 이미 어림없게 되었다. 팟캐스트 세계1위 시청율과 국내 600만명 이상의 열혈지지층을 갖고 있다는 것이 무엇을 의미 하겠는가,

보다 투명하고, 정직하면 '나는 꼼수다'가 설 자리가 없다.

노무현이라는 사람

일면식도 없다.

정치인들, 특히나 평생에 대통령을 지낸 사람과 면발치에서나마 얼굴을 대할 수 있었다면 행운일 수 있다고 가끔 생각한 적은 있다. 꿈속에라도 대통령을 봤다면 로또복권 사야될 것 같은 좋은 예감을 갖게 하는 게 대통령의 존재다.

왕조시대도 아닌데 만나 보려고 했다면 못 만날 이유도 특별히 없었겠지만 평범한 사람들이 아무런 거리낌 없이 대통령을 만나 본다는 것은 쉽지 않은 일이다. 노무현씨가 대통령이 되기 직전에 미국에 왔었고, 대통령을 하는 동안에는 미국생활로 바쁘다 보니 한국국민들처럼 기대에 부풀었다가 주저앉는 안타까움을 똑같이 느끼지는 못했다.

그러던 09년 5월23일, 어느 시간대인지, 어디쯤에서 무엇을 하다가 그 엄청난 비보를 접했는지 기억에 없다. 그 몇

달 전에 연예인 몇 명이 잇따라 자살을 해서 가슴이 저며 올 때도 있었지만 이건 아니었다. 정말 이럴 수는 없는 것이었다. 이런 걸 막연하다고 해야 하나, 눈앞이 깜깜해오고 가슴이 먹먹해지면서 주체할 수 없는 분노와 헤아릴 수 없는 낭패감에 무엇을 어디에서부터 어떻게 해야 할지 황망스럽기만 했다.

제정신이 아니어서 술을 마시는 게 아니라 정신을 차릴 수가 없었기 때문에 장례기간 내내 혼자서 마셨던 기억이 또렷하다. 혼자 상주 같은 마음으로 화면속의 노란 물결을 바라다 봤고, 유언을 곱씹어 봤다.

사사세 동지들(가운데 줄 중앙은 마크 김 버지니아 하원의원)

한국에 갈 일이 생기면 꼭 한번 가까이서 뵐 수도 있었던 분이다. 만나보는데 겉치레 격식 없이 논두렁이면 어떻고, 동네 가게 평상 위면 어떠하리.

그런 만남들이 그리 어렵지 않게 보였고 실제가 그랬었다. 퇴임 후에 정겨운 모습의 범부로 돌아가겠다는 소박하고도 순박한 약속을 지키지 않았다 한들 시비가릴 일도 아니다.

소박한 길 위에 있던 그의 바보 같은 마음을 그들은 가만두지 않았다.

당신의 이상과 꿈은 결코 꿈으로 묻기에는 너무나 고결했고, 우리들조차 기우할 정도로 파격이고 기결이 너무나 분명하였기에 많은 국민들이 숨차했던 행복한 고민의 한 시대를 우리는 결코 잊을 수가 없다. 이런 다수의 행복을 그들이 천박하게 질시하는 것은 어쩌면 숙명이었는데 말이다.

당신이 있어서 민족자존이 어떤 것인지를 보다 뚜렷하게 체험할 수 있었고, 자라나는 후세들에게 꿈과 미래를 희망할 수가 있었답니다.

평생 동안 사회과학 서적하나 제대로 들춰 볼 여유가 없이 통속적 신문의 큰 글씨 몇 자 속에만 빠져서 허우적거리고 있는 우리들에게 원칙과 상식, 균형과 견제에 대한 신념, 건강한 국가사회와 가정, 나아가 민족과 시대가 나아가야 할 방향을 굵고도 명쾌하게 향도하셨습니다.

가야만 하는 길이지만 아무도 가기를 꺼려했던 그 길을 홀연히 걸어가도록 바라다만 보았던 자괴감이 오늘의 우리를 이렇듯 힘들게 하고 있습니다.

떠나고 나서야 당신의 큰 그림자가 더욱 선명해지는 것을 어찌 더 설명할 수 있겠습니까!

불감당으로 여겼던 식민 36년도 헤쳐 왔던 우리입니다. 부패독재와 결연히 맞설 수 있었고, 두 번에 걸친 군사쿠데타도 고쳐 잡았던 우리들입니다.

일국의 대통령이 영부인이 받은 미소의 후원자금 마저 양심에 가책 받던 그 모습을 금세기 어느 국가, 누구에게서 기대할 수가 있단 말인가!

그래서 앞으로 우리가 만나기 어려울 민족적 지도자로 당신을 기억하려는 것입니다. 그가 남긴 유산이 '노무현 정신'으로 화려하게 부활되고 있는 현장을 담아본다.

"사람이 사람답게 사는 세상을 열망하는 것이다."(이해찬) "국민에 대한 무한 신뢰, 소통과 화합의 정신이다."(한명숙) "억압받고 소외당하는 사람들에 대한 애정과 특권·반칙 없는 사회를 위한 투쟁이다."(문재인)

"의로움과 이로움이 충돌할 때 의로움을 위해 이로움을 버릴 수 있는 삶의 자세다."(유시민) "우리 아이들에게 정의가 승리하는 역사를 물려줍시다." (2002년 민주당대선후보 수락연설)

"권위주의가 지배하는 한국 사회에서 탈 권위, 자율의 가치와 정신을 실천하다."(정연주) "또 다른 세상을 향한 포기하지 않는 원칙이다."(박원순) "원칙을 지키고 불의에 타협하지 않아도 성공할 수 있다. 깨어 있는 시민으로 거듭나자."(도종환)

님을 위한 행진곡

노래에도 유통기한 비슷한 게 있을 수 있는가 생각해 보다가 문득 노래에는 '노래의 생명'이라고 하는 표현이 더 적절할 것 같다.

어떤 노래를 강제로 못 부르게 한다면 그 노래는 더 이상 공개 된 장소에서 잠시나마 자취를 감춰야 한다. 그렇다고 그 노래의 생명이 없어질 수 있는가.

아무리 좋은 노래도 점차 관심에서 멀어져 희미한 추억 속으로 사라지다 어느 순간 그 노래를 추억하는 사람들로부터 다시 불리어지곤 하다 궁극에는 그 가치를 상실하고 생명도 다할 것이다.

윤상원은 같은 학과 6년 선배다. 친구 김상견과 함께 어느 날 들렀던 녹두서점(김상윤)의 골방에서 예비역 선배로 마주 앉았다.

차분하고 힘 있는 목소리로 학창, 삶, 인생에 대해 대화를 나누었다. 밤 깊어가는 줄 모르고 '어떻게 살아야 할 것인가' 결론 없는 대화였다. 그리고 얼마쯤 지나서 나는 입대를 했다.

휴가 나와 보니 친구 임낙평이 강학(야학선생)으로 있는 광천동 '들불야학'의 박기순강학이 연탄가스에 중독되어 사망했다는 소식을 접했다. 같은 학번으로 교양과목을 같이했던 사범대 여학생이었다.

다시 귀대를 했고, 79년 10월 26일 아침, 보초를 교대하다가 칠흑같이 어둡고 암울했던 유신독재가 걷히는 순간을 맞았다.

박정희가 죽고 나자 민주주의를 갈망했던 시민학생의 민주화 시위가 근자의 북아프리카 '재스민혁명'처럼 전국적으로 연일 이어졌다.

늑대를 피했다가 호랑이를 만난다더니, 사태수습을 한다던 전두환 일당이 배운 게 총질이라 멀쩡한 나라에 전국적 계엄을 선포하기에 이르고 급기야 핏빛 5월을 맞게 되어 많이 죽었다. 전쟁을 하는 것도 아니었는데…

인류 보편적 가치인 민주주의와 자유, 정의를 이루자는 요구에 총을 들이댄 것이었다. 한마디로 민주주의가 무슨 소용이냐는 것이었다.

다니던 은행을 그만두고 들불야학의 지도강학으로서 소외되고 부모나 사회의 보살핌이 없던 근로청소년들을 모아 희망의 불씨를 지펴주던 그는 5월 27일 새벽 전남도청에서 시민군 대변인 역할을 하다 역사의 현장에서 산화하였다.

사랑도 명예도 이름도 남김없이~~
(중략)
앞서서 나가니 산자여 따르라
앞서서 나가니 산자여 따르라

죽어 나간 시민들은 장례도 제대로 치룰 수 없었다. 찬바람 부는 그해 12월, 살아남은 자 감옥에 있고, 이승에 없는 젊은 운동가 두 사람의 영혼결혼식을 올리는데 백기완의 시에 김종률이 곡을 붙인 '님을 위한 행진곡'은 이렇게 세상에 탄생되었다.

이 노래가 싫다. 이 노래는 벌써 10여 년 전에 이미 식상해 있었고, 노래가사는 더 이상 자유를 갈망하는 민중을 대변하는데 한계점이 온 듯했다.

그런데 느닷없이 이 노래를 국가기념일에 부르지 못하게 한다. 그래서 3년 동안 공식석상에서 부르질 못했다. 그런가 하면 보수단체가 UN산하 유네스코에 '5.18은 북한군 600명이 투입된 대남책동이었다'는 편지를 보냈다고 한다.

그렇다면 남북이 군사합동작전을 해서 수천의 민간인에게 사상을 입혔다는 해괴한 논리가 되는데, 스스로 부르기 싫어지는 노래, 더 이상 불러야 할 이유가 없어지려는 이 노래를 다시 부르지 않을 수 없는 이 세태가 개탄스럽다.

다시, 드레퓌스(Dreyfus)를 떠 올려야 하는가

아주 평범할 것이라고 생각되는 사건이 있었다. 그러나 우리들이 진실을 말하고자 할 때 이 일이 기억 저편에서 살아나는 것을 민감하게 받아드리는 세력들이 이 시대에도 아직 있는 것 같다.

사소할 수도 있었고, 개인적일 수도, 그대로 묻혀 버릴 수도 있었던 이 사건이 민족의 운명과 역사를 바꿔버리는 엄청난 사건으로 커져버린다.

이 사건의 재판이 진행되는 12년 동안 프랑스사회는 극단적으로 양분화 되어 국력이 소진되고, 정치적 추문사건으로 기록되었지만, 도덕과 윤리, 진실의 소중함이 역사적으로 어떠한 의미를 갖게 하는지를 세기를 달리해 가면서까지 우리에게 전해주고 있다.

프랑스 육군대위였던 유대인 알프레드 드레퓌스는 1894년 소령인 에스테라지라는 간첩이 쓴 문건으로 인하여 반역죄로 유죄 판결을 받았다. 종신형을 선고받고, 프랑스령 기아나의 악마섬으로 유배당한다.

드레퓌스는 잘못된 증거 자료 때문에 유죄 판결을 받았으나 사실 드레퓌스는 무죄였다.(정보 유출에 사용된 문건에서 발견된 암호명 'D'. 유태계 장교 알프레드 드레퓌스의 이름의 첫 글자가 암호와 일치한다는 이유로 간첩으로 지목됐다.)

지금의 독일과 프랑스가 19세기말에 20여 년간 싸운 보불전쟁에서 프랑스가 패하자 그 패배의 명분을 찾던 중 수구적 민족주의에 편승해 드레퓌스를 간첩으로 몰고 간 것이다. 당시 군은 그들의 실수를 덮으려고 사실을 은폐했으며, 가톨릭교회와 보수주의 언론들도 드레퓌스 사건을 침소봉대하여 유대인들을 비난하는 모습을 보였다.

그런데 그로부터 2년 뒤, 참모본부 정보국에서 일하던 피카르 중령이 우연한 기회에 진짜 간첩 에스테라지를 적발하게 되었다.

그는 참모본부 상부에 이 사실을 알리며 드레퓌스의 무죄를 주장했다. 하지만 진범은 무죄로 풀려나고 피카르는 군사기밀 누설죄로 체포된다.

그 때 증거자료를 몰래 복사해서 실어 낸 어느 한 신문에 의해 드레퓌스 사건이 세상에 공개된다. 하지만 가장 곤란한 상대는 진범인 에스테라지 본인이었다. 그는 이런저런 거짓말을 늘어놓고 다녔고, 놀랍게도 참모본부는 그의 거짓말을 눈감아주었다.

작가 에밀 졸라는 1898년 1월 13일 문학 신문 로로르에 '나는 고발한다!'라는 제목으로 대통령 펠릭스 포르에게 보내는 유명한 공개편지를 기고함으로써 일반 사회에 그 사건을 폭로한다. (에밀은 군법회의를 중상모략했다는 이유로 징역 1년을 선고받고 항소 중에 영국으로 망명했다가 1899년에 귀국한다.)

이 밖에도 여러 지식인과 신문사 르 피가로 등이 에스테라지 범인설을 주장했지만 대부분 언론들은 반유대주의 감정 때문에 '드레퓌스를 죽여라'는 등의 폭언을 일삼았다.

유대인들은 간첩으로 몰리기까지 하자 테오도르 헤르츨을 중심으로 하느님이 약속했다는 '약속의 땅' 팔레스타인에 이스라엘을 건국하겠다는 시오니즘운동을 시작한다.

에밀 졸라를 비롯하여 앙리 푸앵카레, 장 조레스 등등의 수많은 진보적인 지식인들은 프랑스 군부와 정부에 대한 비판과 아울러, 세계 언론을 통해 프랑스는 외교적인 부담이 가중되기에 이른다.

마침내 지식인들의 끈질긴 요구에 의해 1904년에 재심이 청구되었고 1906년에 드레퓌스의 무죄가 선고되어 모든 혐의를 벗고 복권되었다. 채포된 지 12년이 지나고 나서야 진실이 밝혀 진 것이다.

드레퓌스가 재판을 받고 있는 동안의 프랑스에서는 진실을 말하려는 자들은 모두 다 분파주의자요, 간첩이요, 국기를 문란 시키고, 적을 이롭게 하려는 반 애국자가 되어야만 했다. 단합해서 간첩하나 없애버리자는 데 무슨 이론이 있을 수가 있으며, 애국 언론과 정부를 믿지 못하는 그들은 정체를 밝히고, 프랑스를 떠나라고까지 했다.

일상의 어느 개인이 드레퓌스 사건의 존재가치나 인식의 차이는 그다지 중요하지가 않다.

언제든지 누구나 드레퓌스가 될 수도 있는 사회라면 소름끼치는 일이 아닐 수 없는 것이다.

'다움'을 지키고자 하는 노력들

'사람이면 다 사람이냐! 사람다워야 사람이지'라는 짧은 문제 제기에서 시작된 교육학 첫 강의.

생물학적인 사람이 사회화과정을 거치면서 '사람다움'을 갖춘 인격체가 되도록 단련시킨 교수님, 스승되고자 하는 후학들에게 사람다움을 강조하신 사범대학 교수님의 생각이 갑자기 이 아침에 생각난다.

각 개인이 그다움을 유지한다는 것은 개성과 다양성을 견지해 가면서 조화를 이룰 수 있도록 해야 한다는 것이 가르침의 골격이었다.

자연이 위대하다는 것과 그에 속해있는 사람들이 사람다움을 유지하는 것은 지극히 온당한 노력이자 추구해야 할 가치다.

사람이 태어나 자라서 결혼하고, 자녀를 낳아 생김새가 각기 다른 남의 자식과 나의 자식, 나의부모를 구분해 볼 줄 아는 분별력으로 인해 생기는 가족애를 탓할 이유는 없다.

며칠 전 배추 한포기 값이 만원이 넘었다는 기사가 신문 머리기사를 장식했다.

물가란 것이 원래 수급량에 따라 변동될 수 있기도 해서 그렇게 놀랄 일인가 하다가도 작년에 포기당 100원 했던 게 100배가 넘게 올라버렸으니 정부까지 나서서 진화해 보려고 하지만 그게 쉽지 않은 모양이다.

같은 날 워싱턴 한국일보의 전면광고를 할애해서 하천분야의 세계적인 전문가 알베르트 라이프(ALBERT REIF, 독일) 교수의 '4대강 사업이 한국 하천환경에 미치는 문제점'에 대한 논문이 저자의 양해하에 실렸다. 깨알 같은 글씨 때문에 읽은 독자가 얼마나 있었을까만 비교적 정치색을 배제한 객관적 입장을 견지했다. 죽지 않는 하천을 엄청난 예산을 써 가면서 살린다고 하며 죽이려고 하는 정부의 의도를 궁금하게 했다.

그것은 '이익 이데올로기'에 불과한 것으로 심각한 후유증이 양산될 것임을 경고는 것으로 결론을 냈다.

앞서 언급했던 배추 값 폭등이 이상기온으로 수확량 감소에 기인한 바도 있지만 4대강 주변의 공사로 인한 경작면적의 감소도 원인으로 작용했다는 보도도 뒤를 이었다.

시골 마을 뒤에 큰 고목나무가 조그만 동네를 덮을 듯이 우람하게 가지를 펼치고 있어서 여름철에는 남녀노소 할 것 없이 그늘 밑에서 땀을 삭히고, 추석에는 빙 둘러서 강강술래를 하며 마을의 안녕을 빌기도 했다.

여기저기 나무뿌리가 등걸지어 솟아있어 더러는 의자대용도 했고, 소꿉놀이 도구로도 하면서 지냈던 추억어린 곳이기도 하다.

어느 핸가 동네출신중에 서울 가서 경찰로 출세한 분이

내려와 기부한 돈으로 나무주변에 석축을 하고 납작하게 평상처럼 시멘트로 둘러놓았다. 그분의 이름과 함께.

처음에는 거기에 눕기도 하고 방학숙제도 하면서 그분의 은공을 새기고 나도 크면 뭔가 해야 되겠구나 하는 막연한 동경까지도 해 봤다.

결과는 너무나도 뻔한 것이 되고 말았다. 3년이 지나자 시멘트가 벌어지기 시작하고 5년쯤 지나 어린애들 발이 빠지기 시작했다. 사방이 갈라져서 더러는 다치기도 하고, 더 이상 쓸모가 없는 곳으로 변해갔고, 치울 사람이 없어서 방치된 곳이 되었다. 십 수 년이 지나서 가보니 속에 넣은 석축까지 들떠서 흉물덩어리가 되어 있었다.

자연을 자연답게 가만 놔두지 않는 인간들의 무지를 보는 것 같아서 씁쓸했다. 아마 지금도 그대로일 것이다.

한국의 맑은 하천과 굽이진 강줄기는 자연스런 한국다운 하천이다.

강변에 물을 채우고 스포츠시설과 자전거 도로 만들어서 한국다움을 버리고자 몸부림을 하는 것까지는 그렇더라도 흐르는 강물을 막아서 물을 썩히고, 시간이 흐른 뒤에 잘못 발라진 시멘트 덩어리가 얼마나 흉측할지를 생각하면 멀리 있어도 편치가 않다.

당신은 답답하지만 우리는 힘들어 죽겠다.

“모든 걸 과학적으로 철저하게 조사하되 한 점 의혹도 생기지 않도록 투명하게 공개하여야 한다.”

천안함 사고 5일 만인 4월 30일 최전방 사고현장 백령도에서 대통령이 국민들에게 했던 말이다.

부시미국대통령이 있지도 않는 생화학무기를 빌미로 벌인 이라크전쟁 40일 만에 시애틀에 있는 미태평양 함대 함재전투기에서 내리며 승전기념식을 거창하게 했던 것을 연상시키기에 부족함이 없는 접전지역에서의 대통령의 모습은 비장하기까지 했다.

그래서 온갖 억측과 연일 쏟아내는 어떠한 가설적 보도에 대해서도 참고, 또 참아야만 했다. 사고발생 두 달 만에 정부는 결정적 증거(?)까지 내놓고 공식적인 발표를 했다.

발표했으니 믿어라. 기다렸다는 듯이 앞뒤 볼 것 없이 총진군이다. 전시작전지휘권도 없는 나라에서 초전 박살 할 것 같은 기세가 질풍노도와 같다.

선거를 의식한 야당까지도 부분적으로 발표결과에 가세하니 점입가경이다. 시쳇말로 조사가 조사다워야 발표를 믿을 것 아닌가, 천안함 조사결과의 정부발표를 믿겠다는 응답이 여론조사결과 24.4%, 못 믿겠다. 45.4% 모르겠다. 30.2% 무려 75.6%의 국민들에게 동의를 얻지 못하는 조사결과 앞에서 무엇이 실체적 진실인지 알 길이 없고, 선거판이 끝나면 국민세금을 낭비해 가면서 재조사를 해야 할 판세다.

미리 적시해 두고자 하는 것은 추호도 북한을 대변하느니, 북한 편을 든다느니 그런 말장난으로 논지를 흐리지 말기를 재삼 당부한다. 조사의 한계성이 있다면 부족한대로 투명하고 담담하게 국민을 이해시키고 설득하려는 노력을 하면 될 것이다. 이전 정부와 극명하게 대비된다.

국가수반으로서 책임의 최정상에 있지만 일을 수습하고, 국론을 정리해 가는데 겉치레가 너무도 번잡하다는 인상을 지울 수 없다. 직무선상에 있는 휘하에게 책임을 지게 하여 마치 책임지는 것처럼 하는 것과 직무태만이나 직무회피적인 모습에 동조 내지 방관하는 것은 국가수반으로서 전혀 어울리지 않는다.

양당제 정치구도 속에서는 지도자의 의견에 25%의 국민들은 사실관계나 이해관계 없이도 무조건 지지를 보인다는 연구결과를 보더라도 국가적인 재난상황에서 반대의견에 대한 균형적 시각을 유지해야 한다는 지적이 오히려 유치하다

1년 전 서거한 노무현대통령이 참모들의 정책건의에 대해 "나를 먼저 설득해 보시오"를 입에 달고 살았다고 한다면 그것 또한 치기로만 받아들일 것인가,

이번에 정부의 공식발표가 사회과학에서 말하는 실체적진실과 이를 충족시키기엔 그 기준이나 투명성에서 형편없다는데 문제가 있다.

우선, TOD(열상감지)기록을 공개하라. 사건 발생 전과 발생 후 장면만 있고, 정말 필요로 하는 결정적인 순간의 기록은 없다고 한다, 어뢰니, 버블제트 같은 논란 자체가 속이 후련하게 설명될 수 있다. 그러니 정부 발표가 믿거나 말거나가 되어버렸다.

둘째로, 교신기록과 해군전술지휘체계의 공개다. 항공기 사고 때 블랙박스를 못 찾더라도 1차 교신기록이나 운항기록으로 사실관계를 밝혀냈다면 그것에 이의를 다는 것 자체가 얼마나 후진적인가,

제한적으로라도 얼마든지 가능한 일일 텐데, 바로 코밑에까지 와서 배를 두 동강 내고 쥐도 새도 모르게 달아났는데도 모르고 있던 전함이 어떤 전략적 비밀이 많아서 조사를 제대로 안하고 있는 것인가.

왜 사고가 났고, 왜 모르고 있었으며, 누구의 잘못인지 거창하게 조사단 꾸리지 않아도 제대로 조사하면 밝혀질 것이다. 못 믿는 자들을 비난하려거든 그 이후에 하라.

인양된 선체의 공개와 조선전문가의 활발하고, 자유로운 조사활동을 보장해야 한다.

이상에 대해서 국회와 정당 간에 협의가 있으면 더욱 좋겠지만 "철저하게 조사하되 한 점 의혹도 생기지 않도록 투명하게 공개하라"고 한 대통령의 말을 다시 한 번 새기라고 국민의 한사람으로써 요구한다.

도대체 뭐하자는 정당인가

시골마을 한가운데 동각이 하나 있었다. 정방형 세간 접집이니 아홉 간으로 된 아담하면서도 대청과 다용도 창고, 사무실을 갖추고 있었는데 얼마 전에 가보니 내부를 현대식으로 바꾸어 사무실과 노인정, 다용도실로 개조하였으나 겉모습은 그대로여서 가끔 꿈에서도 보이곤 한다.

동네가 가장 번성했을 때 50여 호였으니 이웃마을에 비해서 상대적으로 작은 편이었으나 이웃한 큰 두 부락의 가운데에 위치한 관계로 선거 날이면 투표소로 차려져 이 작은 동네가 하루 종일 시끌벅적했고 동각 옆에 붙은 우리집은 주막집처럼 붐볐었다.

큰 사진을 가운데 두고 빙 둘러 1월부터 12월까지 월력이 새겨진 한 장짜리 달력의 주인공을 두고 겨루는 의원선거는 어린 마음에도 꽤나 흥분되는 일이 아닐 수가 없었다. 앞 동네 숫자는 훨씬 많아 130여 호에다 포구와 연해있어 가구구성이 다양하고 대체로 민주공화당성향이었고, 뒷동네는 전통적인 부촌인데 대처로 일찍부터 진출한 선생님, 공무원이 많은 집성촌이었는데 신민당을 지지한다는 어른들의 이야기를 어깨너머로 들으면서 자랐다.

우리 동네는 오래전에 동네를 떠난 어떤 분이 고려대학교를 중퇴했다던가 하고는 내가 최초의 대학생이었으니 두 동네의 완충지대로 그만한 곳도 없었던 듯하다.

고등학교 진학하면서 마을을 떠날 때까지 크든 작든 투표소는 우리동네 동각이었다.

지난일로 시끄럽게 하지 말라는 사람들을 유심히 쳐다보는 고약한 버릇이 생겼다.

일본 놈 순사심보가 속에 있다고 보기 때문이다. 지난 10.26일 서울시장 보궐선거가 끝났지만 승패와 무관하게 한국 민주주의, 즉 국가의 정체성을 흔드는 대 사건이 발생하였다.

작년6월2일 전국적인 지자제 선거후 20개월 만에 치루는 선거에서 2,218개 투표소중 572개 25.8%가 바뀐다. 선관위는 투표율을 올리고 공정하게 선거를 치루는 국가기관이어서 국민주권의 행사를 홍보하고 독려해야 하는 기관이다.

특히 서대문(48.1%),금천구(43.1%)등이 크게 바뀌고, 이들 지역은 투표율이 8.3%나 떨어진다. 강남3구도 바뀌었지만 투표율은 높다. 바둑판같아서 찾기가 훨씬 쉬워 나온 것으로 보인다. 서울의 직장인들 아침시간이라는 것은 금쪽같다고 해야 할 것이다.

선거당일 6시 15분부터 8시 32분까지 선관위의 홈페이지 DB(내부자료실)가 마비되었다. 이 시간에 투표소안내 서비스를 받을 수가 없게 되었다.

선거는 끝났지만 이 사건은 다른 사안과는 그 성격이나 파장이 사뭇 다르다.

투표율을 올려야 할 선관위가 유래 없이 많은 투표소를 변경했고, 집권여당이 투표율을 낮추려고 국가기관의 컴퓨터를 동원해서 공격했으며, 공격당했다는 1천5백명의 로그파일(접속자명단)을 국정원이 가져갔는데 아직까지 발표를 안하고 있다.

진주 국회의원 비서관과 그 몇 명이 1억 원을 주고받았다는 것인데, 사건 결과는 누가 무슨 발표를 하든지 납득 할 수가 없는 지경이 되어 버렸다.

설령 대통령이 책임을 지고 물러난다고 하더라도 문제는 그대로 남는다. 투표권까지 조작하고 방해하는 국가라면 대내외 신용도는 물론 국가를 위한 의무마저 요구할 수 없는 허수아비 국가로 전락되기 때문이다.

이 사건을 가볍게 지나쳐 갈 수 없는 이유가 바로 여기에 있는 것이다.

밥에 울고, 밥에 웃고

'밥'

평소에 그렇게 심오하게 생각해 보는 단어가 아니다. 생활의 일부이고, 몸에 붙어 있는 말이거니 싶으니까 대부분 그러려니 하고 지나간다.

어느 날 원양상선 기관사를 하는 김관수 선배가 '밥'에 대한 의미 있는 한마디를 하는 걸 듣고서 정신이 번쩍 들었다.

인간사 투쟁의 발단에는 '밥' 문제와 연관 없는 게 없단다.

남자들만 스물서너 명이 보통 1달이 넘게 망망대해 한가운데 같은 공간에서 먹고, 일하고, 자는 것을 되풀이 하게 되는데, 먹을 때 누군 많이, 누구는 고기의 맛있는 부위, 어디에 앉아서 먹는 것 등 사소한 것에 시비가 붙는다는 것이다. 서로의 차이를 인정하면 그만인데 살만큼 살았다고 하는 사람들이 그걸 못한다고 한다.

크게는 나라간의 전쟁이나 사소한 개인 간의 시비도 그 시작과 내용에서 '밥'이라고 하는 매개물이 반드시 들어 있다는 것이다.

시비가 생길 땐 대게 '돈과 여자'를 적용하는 사례가 일반적인데 그 말 을 듣고 나서부터 다시 들여다보기로 했다..

흔히 '밥그릇 싸움한다.' '밥 먹을 땐 개도 안 건드린다.' '밥값을 해라' 하는가 하면 '밥 먹고 할 일 없으면 잠이나 자라'는 둥 열거하기조차 벅차다.

인심 중에 으뜸은 먹는 인심이라. '밥 나고 인심난다'고 했다.

나누어 먹는 풍습과 인심이야말로 미풍양속이기 이전에 공동체생활의 바탕이기도 하다. 이런 게 없다고 가정했을 때 어떤 현상이 도래 할까는 생각해 볼 것도 없다.

먹을 밥이 충분한 사람들은 그 격을 높이기 위한 생각으로 가득하다.

우리의 밥상

길거리에서 얻어먹는 사람과 최고급 레스토랑에서 매일이 밥을 먹는 계층은 생각이 서로 다를 수밖에 없다.

어디에서 누구와 어떤 걸 먹게 될 것인가. 이것이 고민인

사람들은 지금 한국에서 어떤 일이 벌어지는 줄도 모를 것이다.

멍청한 놈이 밥만 탐낸다는 우스갯소리가 그들에게는 여전히 유효한 것일까,

그놈의 국격은 뭐고, 물 막아서 잔디 깔고 배 띄우는 일 자체도 자연의 순리를 거스르는 일이거늘, 가난하고, 병들고, 늙고, 외로운 자들에게 밥이라도 눈치 안보고 먹을 수 있게 하자는데, '밥 타령 하는 놈 만날 도와 줘 봐야 평생 그 팔자더라'는 둥 인격적인 모독이 예사다.

오히려 도와야 된다고 하는 사람들에게 묘한 미소를 보내는 사회에 해결의 통로가 있을지 막연하기만 하다.

죽고 죽이는 전쟁터에서 포로를 잡아도 일단은 밥을 먹이는데 인색하지 않아야 하고, 살인범에게도 먹을 밥은 준다.

서러운 것 중에서도 배고픈 설움이 가장 비참하다는데, 부모가 누군지도 모르는 어린이들에게 돌아 갈 결식아동 급식 지원비(4억3천만원)까지 전액 삭감해서 국민의 세금을 날치기로 통과시켜 놓고도 공정사회요, 서민에게 다가 간다나. 제발 밥그릇이나 빼앗지 말지어다.

박정희의 유신정권시절, 박정희 이름 끝에 호칭 붙여 부르지 않았다고 잡혀가서 두들겨 맞은 경험이 발동했나. 저네들 하는 일에 조금만 반론이 있어도 고구마 줄기 훑어 내듯 거슬러 밥줄가지고 댕기질을 쳐대니 그 놈의 밥 줄 떨어질까 봐 전전긍긍이다.

도무지 입이 있되 밥만 먹는 입들이 되어 있으니, 어느 새 밥숟갈이 지고의 가치를 발휘하는 시대가 도래 하였도다.

보다 못해 얼마나 도움이 될까만 해외에서 모금을 해 보내기로 했다.

작다고 움츠릴 이유도 없고, 모두 어려운 형편이지만 힘닿는 대로 조금이라도 도움이 되고, 자라나거든 먹는 밥 가지고 추접스럽게 하는 사회 안 되도록 같이 힘쓰자.

'사실'을 이념의 잣대로 자르지 말라

어떤 글을 읽을 때나 강연, 또는 누구와 이야기를 할 때에 '사실'에 초점을 맞추지 않고 '어느 집단에 속해 있느냐'만을 보고 어떤 주제로 무엇을 말하는지 처음부터 들으려고 하지도 않는다.

더더욱 읽어 볼 시간도 없이 지나치는 것을 이 시대의 분열과 갈등해소 차원에서 지적해 보지만 공허로움만 더 할 뿐이다.

한미FTA에 대해서도 온통 찬성, 환영 일색으로 보였을지 모르겠으나, 필자의 주변 아는 사람들의 의견은 '묻지마 찬성'의 물결에 묻혔다. 그렇게 큰 국가적 중대사에 대해 '사실관계'를 정확히 알 수가 없어서 어정쩡했던 것 또한 사실이다.

지난 11월 22일 한미 FTA 비준안이 재적의원 295명 가운데, 총 170명의 의원이 참석해 찬성 151명, 반대 7명 기권 12명으로 가결된 그날, 그나마 워싱턴지역 조간신문에 '우리는 왜 한미 FTA를 반대하는가' 하는 이유를 조목조목 짚어서 광고를 내보긴 했으나 허망하기 짝이 없는 일이 되고 말았다.

며칠이 지난 뒤 신문을 읽던 내 눈을 의심케 하는 기사가 나왔다.

미국에 수출 못하면 금방 나라가 거덜 날 것으로 생각했고, 대미 무역의존도가 아직도 상당할 것이라는 기존 관념과는 전혀 다른 내용의 글을 접하게 된 것이다.

1990년 대미 수출이 전체 수출비중에서 31%, 수입이 25%였던 것이, 2011년 10월까지 10.0%, 8.6%로 21년사이에 68%가 감소했다니 !

전 세계 10대 교역 국가를 눈앞에 둔 한국의 교역량 증가와 비교해 본다면 '정말 미국의 보호관세 때문이었을까'라는 의문도 가질 수가 있겠지만 다른 한편으로는 미국에 수출입 의존하지 않더라도 다변화 정책 등으로 얼마든지 현재 상황 이상으로 잘 할 수 있는 여건은 벌써 갖추어 져 있다는 것이고, 구태여 저자세로 그렇게 까지 무리하지 않아도 될 일을 무엇 때문에 그렇게 서두르고, 국가기관과 언론들, 자리깨나 좋아하는 사람들은 왜 덩달아 춤을 추고 있었는지…

법에 대해서 조금이라도 관심이 있는 사람이라면 법률적용의 전제가 되는 '사실(事實)'이 얼마나 막중한지를 안다.

그 동안 잘 모르고 있었는데 한국에는 약 2,400명의 판사가 있다고 한다.

한미 FTA비준안 처리 문제가 경제영역을 이미 벗어나 정치, 국제, 역사분야에 까지 온 나라가 뒤집힐 정도로 심각한데도 가만히 앉아서 '그 판결이 어찌되었든 판결만 내리면 되는 거지' 하고 푹신한 소파에 기대어 있다가 공영방송도 아니어서 평소에는 보지도 않던 어느 인터넷 방송을 주의 깊게 보던 보수적 판사 한명이 '내가 내린 판결의 효력이 제 3자에 의해서 바뀔 수도 있겠네' 하고는 뒤늦게 법원내부 게시판에 '대한민국 사법주권을 침해하는 불평등 조약'으로 보고 법원행정처 안에 한-미 FTA 재협상을 위한 테스크포스팀(TFT) 구성 청원문을 내겠다고 제안하는 글을 올려놓으니 하루 새에 170여명의 현직 판사들이 댓글을 달아서 청원문을 내기에 이른다.

그가 나경원을 찍었던 보수 판사라고 밝혔기 때문에 '사실'이 사실답게 다루어지고 있다고 생각하는 것은 그가 어느 날 깜짝이나 놀랐던 그 일에 대하여 이미 오래 전부터 그보다 훨씬 더 강력하게 그 폐해를 지적하고 반대를 했으나 이념이 '사실'을 막고 있어서 '반대를 위한 반대'만 한다고 사실이 왜곡되었기 때문이다.

침묵하거나 동조하지 않는 2,230명의 판사들의 숫자가 훨씬 많으므로 다수의 법칙을 앞세워 민주주의를 왜곡해 왔던 게 한나라당이니 벌써부터 '삼권분립의 원칙을 훼손하는 일' 등으로 덮기 급급하고, 앞으로도 국민적 요구를 어떤 궤변으로 꼼수를 부릴지 알 수 없다.

선조 때 이원익은 정승으로써 그가 냇가를 건너다가 엽전 하나를 냇물에 빠뜨렸는데 아무리 찾으려고 해도 찾지를 못하자 동리 사람들 모아 놓고 만약 그 엽전을 찾으면 상으로 두 개를 주겠다고 하니, 얼른 납득할 수가 없어서 그에게 되물으니 '하나를 잃고 못 찾으면 이 나라의 엽전 하나가 없어 질 것이나 되찾게 되면 나라 전체적으로는 하나가 득이 되니 국록을 먹는 자가 마땅히 그리 해야 할 일이다.'고 했다.

멸사봉공(滅私奉公) 선공후사(先公後私), 4백여 년 전, 선대의 가르침이 무색해지는 오늘의 현실이다.

아방궁

이집트를 가본 적이 없지만 생각나는 게 있다면 피라미드다.

그 나라에서는 문화유적이라고 자랑한다지만 언제부터인지 그걸 만들기 위해 인간이 인간에게 얼마나 많은 불가사의한 만행을 했을까 하는 생각에 치가 떨린다.

비슷한 게 중국에도 있다. 만리장성이다. 그 길이를 놓고 말이 많다. 심지어 고구려의 평양성까지를 만리장성에 포함시키려는 일로 최근에 역사학계에서 긴장하고 있다. 이 만리장성은 하루 아침에 만들 수는 없었지만 기원전 춘추 전국시대에 시작해서 진의 시황제 때에 대략의 모습을 갖추었다는 것이 일반적인 학설이다.

또한 진의 시황제(始皇帝)는 천하를 통일하면서 새로운 궁성의 건설을 계획했다.

아방궁은 이 궁성의 전전(前殿)으로서 BC 212년부터 공사가 시작되었다. 그 규모는 동서 500보(680m), 남북 50장(113m)으로, 궁전 위층에는 1만 명이 앉을 수 있고 아래층에는 5장(丈)의 깃발을 세울 수 있을 정도로 거대했다고 한다. 이 궁전 건설에 70만 명의 죄수가 동원되었고, BC 206년 진을 정복한 항우(項羽)에 의해 전소되었는데, 3개월에 걸쳐 불탔다고 한다.

그 아방궁이 수천 년이 지나서 한국에 느닷없이 등장한다.

2008년 노무현 대통령 퇴임을 앞두고 대통령사저 경호를 위해 김해 봉하 마을에 국비 2억여 원을 들인 것에 대해 당시 차떼기로 대통령이 못된 한나라당의 대변인과 의원들은 '아방궁'을 짓는다고 악의적인 독설을 퍼부었다.

당시의 조중동은 연일 도면까지 그려가면서 친절하게 시골에 있는 그저 그런 전원주택 개축한 걸 놓고 온 나라를 뒤집어 놓을 듯이 대서특필을 마다하지 않았다.

참 별스런 아방궁도 다 있다고 했지만 나이 들어 갈 곳도 없고, 용돈마저 궁하게 된 노인들에게 낙향한 노무현은 영락없이 부정축재자가 되어야 했다. 어버이 현합 등 관변 노인단체들은 점심 한 끼에 세상 어떻게 돌아가는 줄도 모르고 아방궁 부수러 간다고 난리를 피웠으니 지금도 그런 행동에는 전혀 변함이 없다. 참으로 가련한 일이다.

이명박 대통령은 취임 전부터 돈과 관련해서 무수한 의혹을 받았지만 대통령까지 되고 나서 무슨 미련이 있겠느냐면서 사는 집을 제외하고는 전 재산을 사회에 환원해 놓고, 도덕(?)적으로 가장 완벽한 정권이라고 자화자찬한 지가 며칠이나 되었을까, 부동산 종합비리백화점처럼 태연하게 서울 내곡동 친환경부지를 용도변경해서 아들명의로 신출귀몰하게 공시지가도 안 되는 가격에 사들여 사저 경호를 위해 40억이 넘는 국민 혈세를 거침없이 쓸 수 있는 현직 대통령이 있다는 것을 믿을 수가 없다.

국민들이 모를 것이라고 생각지 않았을 것이다. 문제가 될 것임도 다 알았을 것이다. 그렇지만 그들은 그것을 한다. 그게 기회주의자들이고, 한국의 기득권자들이다.

그들이 왜 그러는지를 알고 모르고의 차이가 중요한 게 아니고, 정의가 무엇인지 전 국민을 상대로 도박을 하고 있는 저들과의 논쟁이 이토록 팍팍할까,

히틀러 치하의 독일국민 모두를 배척하는 것은 옳지 않다. 그 히틀러가 옳다고 하고, '틀린 것도 언론을 통해 세 번만 거짓말을 하면 진실이 된다'던 나치 선동가 궤벨스가 있었기에 그런 독재가 가능했다.

그런 히틀러가 죽고 나치가 패망하자 모든 죄를 죽은 히틀러에게 뒤집어 씌워 버리고 변장을 기도했던 나치 정권의 나팔수들을 몇 십 년이 지나도 지구 끝까지 추적하여 처형했던 사람도 역시 독일 사람이었다.

'분에 넘치는 권력이 감시를 받지 못하면 악이 스며들게 되고, 그 사악함이 주변과 이웃을 괴롭히게 된다. 비슷한 악의 카르텔을 형성하게 되는데 이런 사실들을 알게 된 나 자신이 슬프다' 소설 '도가니'의 작가 공지영의 말이다.

독재자들이 토목공사에 몰입하는 것은 예나 지금이나 다를 바가 없다. 토목공사나 거대한 기념물은 반드시 희생을 수반한다.

미국에 국빈방문이 그냥 이뤄지겠는가, 자기나라 앞은커녕 자기 앞도 못 가리는 사람을 '왜 국빈이라고 초청했을까?'

그 이유는 곧 밝혀질 것이다.

용서와 화해

(김대중 대통령을 추모하면서)

'거짓말도 열 번 들으면 진실처럼 들린다.' 고인이 된 김대중 대통령의 말이다.

한 가지 사실을 놓고서 침소봉대와 축소왜곡을 끊임없이 반복하면 정설로 굳어지게 마련이고, 어느 개인이 이런 일을 지속적으로 당하면 죽음이외에 굴복하지 않을 재간이 없다.

당해보지 않은 사람들은 모를 것이다. 아무리 일본의 식민지배와 야만적 약탈과 반인륜적 만행에 대해서 치를 떨고 분기탱천하지만 '재네들 왜 그러는 건데, 뭐가 문제라는 거야' 식으로 건성인 경우가 대부분이다. 이런 경우에 우리들의 감정은 비굴과 비참, 체념, 극일, 회피, 등 복잡해진다.

왜 미워하는데? '이유 없이 미워' 그래도 티끌만한 이유가 있을 것 아닌가? 말을 더해 뭘 하겠는가, 산이 높으면 골이 깊다.

개인 간에도 김대중을 좋아하는 것이 죄가 되고 미움의 대상이 되는 것이다. 노무현도 예외가 아니다.

성경은 소외받고, 헐벗고, 굶주린 사람들에게 사랑과 은혜를 베풀도록 가르치지만 세상의 인심은 그렇지 않다는 게 살아 온 경험이다.

김대중의 최대의 정적은 박정희였다. 김대중은 힘이 없어 그를 적으로 상대하기보다는 일방적으로 당했다. 3전4기로 강원 인제보궐선거에서 승리하지만 군사쿠데타로 의원선서도 못하고 만다. 70년 대선에서 46%득표로 낙선하지만 그때부터 박정희는 김대중을 억압하면서 반사이익을 취했다.

그런 박정희는 교사에서 일본군 장교로, 박정희에서 다카키 마사오로, 일본군 장교에서 대한민국 장교로, '빨갱이' 사형수에서 반공의 기수로, 충성스런 장성에서 군사반란 두목으로, 육군 대장에서 대통령으로, 극과 극을 자유자재로 넘나들었으며, 그에게는 조국과 민족, 적과 동지, 양심과 이념도 단지 '권력의 디딤돌'이었을 뿐이다.

그는 김대중만 탄압한 게 아니라 김대중을 좋아하는 사람들도 탄압했다.

즐겨 썼던 방법이 '빨갱이'였다. 6.25때 붙잡혀서 총살당하기 직전에 탈출해 첫 번째 죽을 고비를 넘긴 김대중에게 박정희의 졸개들도 빨갱이 타령만 하면 만사형통이었다.

이후로도 지금까지 선거 때마다 빠진 적이 없다. 김대중으로서는 미치고 환장할 일이었지만 그대로 먹혀들어간다.

옆에서 아니라고 한마디라도 거들면 대여섯 명이 벌떼처럼 우기는데 당해낼 도리가 없다. 조용히 있는 게 상책이다. 동경에서 납치되어 죽다 살아났어도 당한 놈만 서럽다.

차도 많지 않은 시기에 의문의 뺑소니 교통사고를 당한 뒤로 거동이 불편해졌다.

자신은 전두환 일당에게 사형선고를 받고, 아들은 평생불구가 되었다. 생각 없는 사람들은 절뚝거리는 부자의 걸음걸이를 가지고 농락한다.

김대중이 죽고 나서 전두환이 말했다. '퇴임후에 김대중 정부시절이 가장 좋았었다.'고…

다른 한축으로 가보자.

지금 한나라당이 국가를 어떻게 농단을 하더라도 집권하는데 별문제가 없어 보인다. '깨어있는 시민과 행동하는 양심'을 아무리 외쳐도 통일이 되기 전에는 호남출신이 대선후보여서는 절대로 안 된다. 만약 호남 출신이 나서기만 하면 하룻밤 사이에 전국이 반 호남으로 하나가 되어버릴 것이다. 그 배경 뒤에는 김대중이 자리하고 있다. 노무현 이후로 많이 누그러졌지만 그래도 한나라당은 그것을 항상 만지작거리고 있다.

그 바로 뒤에 김영삼이 있다. 화법이 화끈하다. 그 화끈함이 김대중을 상대할 때는 전국구가 되어버린다. 그는 70년 대선후보경선에서 김대중에게 패하면서 라이벌이 된다.

김대중의 부정적 측면을 가장 많이 침소봉대한 사람 중에 한사람이 김영삼이다.

즐겨 쓰는 말이 "거짓말을 잘 한다"이다. 둘이서 밀실에서 뭘 했기에 밑도 끝도 없고 증인도 없이 김영삼은 입만 벌렸다하면 누가 듣던지 말든지 김대중을 거짓말쟁이로 수십 년을 몰아붙인다. 밀실에서 하는 말의 진위 여부를 떠나 자기 말만 하는 스타일의 김영삼에게 상호 존중 같은 것은 처음부터 없었다. 그런 그를 김대중은 공개적으로 비난하는 것을 듣지 못했다.

마지막으로 언론이 크고 길게 한몫을 단단히 한다. 김대중을 죽여야 언론은 돈을 벌 수 있었다. 소외된 소수 중에서도 가장 뒤탈이 없고, 얼마든지 갈기갈기 발라도 후환이 없다. 찌를수록 독자들은 희열했고, 권력자들의 후원과 엄호까지 받으니 땅 짚고 헤엄치기다.

덩달아 식자층 국민까지도 상당수가 빨갱이 플러스 거짓말쟁이에 혼수상태로 깨어나지 못한다. 그러나 김대중은 사랑하고 존경하는 국민 여러분을 입에 달고 산다.

국민의 정부 이후 인터넷이 그나마 언론의 역할을 조금씩 대체해 가면서 그 흉악한 검은 컬랙션들이 드러나고, 국민각자의 대 언론관이나 정치의식이 끌어 올려진 것은 만시지탄이라 아니할 수 없다.

이 시대에 용서는 예수님의 전유물이지 사람들이 할 수 있는 것인가 하는 의문을 가져보다가도 건국 이래 종교인을 제외하고 용서와 화해라는 말에 가장 어울릴 것 같은 사람으로 김대중 전 대통령을 기억하려 한다.

필자는 김대중 대통령과 만나 본 적도, 측근에 아는 사람도 없다.

노무현 대통령이 억울한 삶을 마감해서 우리들 마음속에 남아 있다면, 김대중 대통령은 그런 고난과 역경을 이겨냈던 분으로 우리는 기억해야 할 것이다.

정치하는 사람들이 남의 탓만 하면 발전이 없다

사람마다 학창 시절의 추억은 가지가지일 것이다. 감성적인 추억들도 있겠고, 낭만적인 추억들이 있다고 해서 다시 학창 시절로 되돌아가긴 어려운 현실이다.

설령 그게 가능하다고 하더라도 망설여지는 게 있다면 아마도 '시험'이라는 것이 공통대답일 것이다. '귀신도 싫어하는 게 시험이고, 직장에서는 업무감사'다.

사실 교육학분야에 있어서 가르치는 분야 못지않게 어떻게 평가할 것이냐의 문제가 중요한 부문을 점하고 있다. 무엇을 어떤 기준에서 평가하고 비교할 것인가,

그에 대한 평가결과가 개인이나 전체에 어떤 영향과 작용을 하고 발전하는데 기여할 것인가를 놓고 고심하는 게 교육정책의 핵심이다.

어느 곳에서나 마찬가지지만 1등을 하는 아이가 거의 혼자1등을 독차지 하는 경우가 흔하다. 10등 하던 아이가 3등하기는 쉬워도 2등이 1등을 따라 잡기는 쉽지 않고, 어쩌다 한 두번 추월을 하기도 하지만 그것이 유일한 위안이다.

좀 더 뜯어보면 독특한 데가 있다. 시험범위라고 사전에 제시되지 않았던 곳에서 한 두 문제가 출제된다. 뒤늦게 부당하다고 항의해 봐야 예습이라는 것도 있고, 모두 다 알 수 있는 걸로는 구분하기도 쉽지 않아서 선생님 나름의 난이도를 적용했던 것이다. 좀 더 폭넓게, 보다 깊이 있게, 다양하게 적용해보는 능력을 확인하였던 것이다.

선생님의 입장에서 보면 전교 1등도 자기 반에서 나왔으면 좋겠고 반 전체의 평균점수도 좋았으면 하는 게 바램이다. 그런데 내 친구는 같은 반 친구들에게 몇 가지 중요한 정보도 알려주고 더불어 공부분위기를 잡아서 반 전체 평균점수를 올리는 것을 보았다. 다른 반 1등은 2등에게 1등자리 빼앗길까봐 나 홀로 공부만 하고 있는데도 말이다. 이게 입소문을 타고 모두 우리 반으로 오고 싶어 했다.

45년도 넘은 초등학교의 실제 있었던 교실풍경이다. 같은 선생님에게서 같은 책으로 배워도 어떤 학생은 아는 문제를

다른 학생은 전혀 모를 수가 있다. 같은 신문을 보면서도 독자가 신문을 해독하는 것은 각자의 몫이다. 사실을 기사화해도 안 믿으려고 하는 데야 방법이 없겠지만 그렇게 만든 신문의 책임이 훨씬 더 크다 할 것이다.

몇 달 전엔가 G20 정상회담이라는 걸 회장국 자격으로 서울에서 치루면서 꽤 요란법석이었다. 벌써 잊혀진 지 오래다.

그게 그렇게 중요한가. 의문이었는데 반해서 국격까지 들먹이며 홍보를 하고, 쓰레기 수거 까지 연기하는 전시행정으로 치렀다. 그때 대학에서 미술 강사를 하던 2명이 홍보포스터에 쥐 그림을 그려 넣었다가 구속되어 징역10월을 구형받았다.

국제 언론감시단체인 프리덤 하우스가 지난 2일, 한국을 부분적 언론자유국으로 강등시켰다. 언론자유지수에서 조사대상국 198개중 70위다.

한편으로 미국의 비영리 아동보호단체 세이브 더 칠드런은 3일 엄마가 살기 좋은 나라들을 발표했는데 조사대상 164개국 중에서 48위로 발표했다.

경제대국이 가져다주는 그늘이 짙고도 깊다. 무슨 뜻이냐면 국가에 대한 평가에 비해서 개인생활은 형편이 없다는 뜻이다.

이것을 전정부와 비교해 보면 답이 더 정확하게 나온다. 모두가 뒷걸음이다.

지금도 일부이겠지만 '잃어버린 10년' 탓을 하면서 자기들 목구멍 챙기기에 급급하여 반 전체의 성적향상이 자기에게 불리할 것이라는 소아병적 사고를 갖고 있는 자들이 나라를 꾸려가고 있다.

이런 와중에서도 2011년 4.27 재보선이 끝나고 나서 자기네끼리 만들어 놓은 높은 자리에서 서로에게 책임을 떠넘기며 이렇게 방점을 찍는다.

"정치하는 사람들이 남의 탓만 하면 발전이 없다"고 하신다. 웃어야 될지 말아야 할지 서글프다.

주인 없는 국회를 누가 만드는가?

싸우는 것은 나쁘다. 싸우는 두 사람 모두 나쁘다. 어느 약한 쪽이 얻어터지게 되어있다.

약자 보호 본능이 일지만 후환이 두려워 싸움에 끼일 생각을 접는다. 그리고 뒤에 서서 '힘이 약하면서 뭐 하러 싸움을 걸었냐.' 한 마디 한다.

더 가관인 것은 '왜 좋은 말 놔두고…' 이럴 땐 더 고상하게 표현한다.

'대화로 할 것이지 왜 싸움을 하느냐,' 무척 어른스럽다.

생각이 여기까지 진행되다보면 어떤 식으로든 결론을 빨리 내 버려야 쉽게 잊을 수 있다.

피장파장이다. 더 듣고 말하고 싶지도 않다. 싸움질은 나쁘고, 똑 같다. 그리고 잊는다. 한국 국회와 정치얘기 끝.

한국의 대의 민주주의가 국민들의 무관심과 낮은 정치의식, 언론의 본질을 호도한 보도태도로 1948년 제헌 국회 이후로 발전 보다는 퇴행을 걷고 있다는 느낌을 지울 수 없다.

의회라는 것이 국민의 국민에 의한 국민을 위한 기관이다. 잘 알고 있듯이 아테네의 직접민주주의와 조개껍질 투표를

이 시대에도 할 수가 없어서 위임정치라는 걸 만들게 되었고, 이의 실천을 위한 대의기관이 국회이다.

이해계층의 요구가 많아지다보니 말이 많을 수밖에 없고, 내부적으로는 잡음이 끊이질 않는다.

오마이 뉴스 오연호 대표와 함께

보통 가정에서는 큰애와 작은아이가 다툴 땐 우선 큰애를 나무란다. 그리고 양보하란다.

그래서 될 일이 아님을 알지만 그래야 물리적 힘의 균형이 잡혀지고 이내 집안이 평온해진다. 아직 유치하기 때문에 의사결정이랄 게 없이 대부분이 덩치와 힘 위주로 결정이 난 걸 뒤 늦게 어른들이 개입해서 조정해 주는 것이다.

살아오면서 매년 국회의 좋은 모습 보다는 나쁘게 비치는 사건이 있을 때면 단 한 번의 숙고도 없이 국회를 무조건 배척해 버린다.

물론 국회가 공리주의적 입장을 견지해야 함을 모르는 바가 아니나. 날치기를 한쪽 보다는 그걸 막는 쪽을 무조건 공격하는 언론이나 사람들을 나는 경멸한다.

국회에 대해서 국민과 언론은 어른이다. 어른 노릇을 제대로 했다면 그렇게 막무가내로 할 수 없다.

언론은 그 파행원인이 무엇인지를 균형있게 다뤄야 하고, 당연히 정의의 편이 되어 역사와 미래의 표상이 되어야 한다.

국민들은 “왜 그럴까, 무엇 때문에 저 사람들이 저렇게 싸우고 있는가?”

무슨 곡절인지 조금만 파고 들어가면 금방 답이 나온다. 내가 만약 서민이라면 나를 대신해서 싸움을 해주고 있다고 봐도 무방하다. 그런데 거꾸로 그들을 욕하고 있다.

오히려 때리는 쪽을 두둔하고 있다. 그러니 만날 당하고 산다.

당하고 살지 말자고 하면 바보가 된다. 무엇이 진정 국민의 역할인지 국민 각자들이 국회가 싸울 때 마다 생각해 볼 기회를 갖는다면 그런 싸움들 쉽게 하지 못할 것이다.

대부분의 날치기는 역사적으로 지탄을 받고, 잘못된 것임을 수없이 반복해서 보여준다.

과정도 나쁘지만 왜 그렇게 강행 할 수밖에 없었는가 하는 것을 알게 되는데 많은 시간이 필요치 않다.

18대를 거쳐 오면서 2대와 5대, 17대 단 세 번을 제외하고는 15회기 동안 친일 군사 반서민적 국회를 국민들이 구성해 드렸으니 소외된 다수를 위한 배려 같은 것은 고려에 없다.

선택된 소수만이 계속 혜택을 받도록 하고 있다. 그래서 얻어터지면서도 바락바락 달려든다. 그 걸 응원은 못할망정 같이 손가락질 한다.

국민의 선택인 표도 당장 눈앞에 보이는 게 아니다. 또 금방 잊어버릴 것이고, 그게 그들과 아무런 상관이 없는 듯 지나쳐 줄줄 아는 수많은 아량 넓은 국민(?)들이 있다는 것을 믿기 때문에…

더욱 더 이상한 것은 국회를 언론과 국민들이 이렇듯 동네북을 만드는데도 어느 누구 하나의 성찰도 쉽게 볼 수 없다. 따라서 가장 만만한 게 국회다.

특정 국회의원을 지목해 얘기하면 명예훼손이니 뭐니 부담도 되지만 국회 전체를 통째로 들어 엎는 일이 벌어져도 국회는 조용할 뿐이다 .

한국의 국회에는 주인이 없는 것 같아서 안타깝다.

카다피의 딸

그는 천지를 창조한 사람이었다. 적어도 1980, 90년대 리비아사람들에게는… 리비아가 우리에게 알려지기는 1983년 동아건설이 리비아 대수로 1차 공사를 39억 달러에 낙찰되고 부터다.

국토의 거의 전면적이 사막인 나라에서 물은 생명이다. 내

륙 사막지대의 지하수를 끌어 올려 지름이 4미터, 길이가 7.5미터나 되는 집채만한 콘크리트 관을 지하에 매설해 지중해 연안에 있는 대도시까지 총연장 4,000킬로미터나 되는 거리를 송수하는 녹색혁명, 스스로 이름 붙이기를 '세계 8대 불가사의'라고 하는 걸 1991년에 부분 완공했다.

수도 트리폴리를 제처 두고 자신에게 가장 배타적이던 뱅가지 지역부터 먼저 보내는 통 큰 아량까지를 갖추었으니, 물이 처음 들어 온 송수식 날의 벅찬 감동은 전 세계인들에게까지 감동을 주고도 남았다.

그런 카다피가 42년간 가족과 측근끼리 국정을 농단하는 것에 분노한 리비아 민중들을 향해 전투기까지 동원해서 학살을 거듭하다가 그의 목숨이 촌각을 다투고 있는 현실에서 격세지감을 느낀다. 시민군이 트리폴리를 점령해서 그의 딸 아이샤의 집에 들어서니 황금으로 만든 소파며, 커다란 실내 수영장등 호화극치의 생활을 하고 있었다.

초등학교에 입학해서 대학을 졸업하면 16년이다. 그는 대통령의 대명사였다. 대통령 앞에 다른 이름을 불러 본 적이 없었다. 오로지 박정희 대통령만 있었다.

어렸을 때는 그러려니 했다. 마을에도 학교에도, 교실에까지 태극기와 함께 그의 사진이 붙어 있었다. 그가 일본군 장교출신이었다는 것은 한참 뒤에야 알았고, 군인쿠데타로 그 자리에 앉고 나서 처음에는 투철한 군인정신으로 맺고 끊듯 산업화를 이루어 가는 듯 했다.

그는 무슨 일이든지 할 수 있는 사람으로 국민들에게 보여졌다.

'할 수 있다'는 자신감을 심어준 점도 있다지만 그런 여건과 독재를 하면서도 못하면 더욱 이상하지 않겠는가.

결과 지상주의로 치닫다 보니 부조화가 만연해 갔다. 사회 전반의 신자유주의의 폐해인 빈부격차, 승자독식, 교육철학 부재, 지역갈등 등이 그 시절에 태동하여 오늘날 이 고통을 후대들이 당하고 있는 것이다.

불안한 독재자는 국민들의 고통은 헤아리지 않고 자신만을 위해 헌법도 고친다. 국회의원 1/3을 자기가 뽑았다. 3권분립을 없애버렸다. 단순히 이름 뒤에 대통령호칭을 붙이지 않았다는 이유로도 감옥에 갔어야 했다.

여느 독재자들의 말로가 그렇듯이 쫓겨나거나 죽지 않으면 권력을 놓을 생각을 못한다.

어느 사람이건 어디서 어떻게 죽었는가 하는 것도 개인사에서 무엇보다 중요할 텐데, 하물며 대통령을 했다는 사람이 죽었을 당시의 상황이 국민들에게 준 충격은 이만저만이 아니었다.

너무나 갑작스런 죽음 때문도 있었지만 그의 죽음 뒤로 그에게서 똑같이 배운 그의 부하가 그를 흉내 내 쿠데타로 권력을 잡아 그에 대한 정확한 평가도 없이 한세월이 흘러버렸다. 이미 죽어 버린 자에 대한 알량한 동정심과 온정주의가 너무나 조용히 그의 18년 과오를 덮어둔 채로 역사의 발걸음만을 재촉했다.

오직 밥숟갈 떠 넣는 데에 정신이 없는 백성들은 배부른 데만 가치를 부여한다. 사람은 먹지 않으면 살 수 없는 동물이기도 하지만 아울러 '한 끼를 먹더라도 마음 편하게 먹기'를 원한다.

그러나 아직도 '누구 때문에 우리가 이렇게 잘 먹고 있는가!' 핏대를 세우는 사람들이 있다.

30년이란 세월이 흐르고 있다. 오늘의 리비아를 기억하지 못하거나 카다피를 그리워하는 소수들에 의해서 30년이 지난 뒤에 카다피의 딸이 대통령제로 바뀐 리비아에서 대통령으로 거론되는가하면 대통령이 될 것이라고 하는 여론이 대세란다.

죽은 카다피가 웃고 있다. 온 세상 사람들과 함께… 역사를 공부하지 않는 민족이 어떻게 되는지를 작금의 한국이 세계만방에 가르쳐 주고 있다.

팬타지아, 핸들 없는 자동차

상고정명(尙古正名), 다소 생소하지만 유교권에서 태어난 우리들의 정서는 몸에 이미 배어 있는 공자사상 중 일부다.

상고는 옛날의 문물이나 사상, 제도 따위를 귀하게 여기는 것이고, 정명은 명분에 상응하여 실질을 바르게 하는 것으로, 이를테면 군신, 부자에게 그에 어울리는 윤리와 질서가 존재한다고 보는 것이 그것이다.

또한 공자의 가르침마다 '성실'을 유난히 강조하는 것도 익히 알려진 바다. 도산사상의 중심도 성실이다. 곧 정직과 근면이 그 근간이다.

삼촌과 조카, 적어도 삼촌이 장가들어 독립하기 전까지 두 사람간의 인간관계는 부자지간 이상이다. 나이가 엇비슷하기도 하고, 크고 작은 잘못을 저질러도 삼촌 덕에 어머니의 회초리를 쉽게 벗어날 수가 있다. 그런 어린조카와는 달리 삼촌 세조의 숨겨진 야심은 순수하고 여린 단종을 유배 보내는 것으로도 부족하여 사약을 보내서 죽인다.

한국부자의 상징 고 이병철 삼성회장의 친손자가 비명횡사했다. 돈이 지고의 가치인 사람들에게 돈이 없으면 죽음밖에 없다는 것은 어제 오늘의 일이 아니어서 큰 화젯거리도 못된다.

대를 이은 한국최고 부자의 친조카가 죽어 연일 지상을 장식하여 장례절차에 관심을 갖게 한다. 혹시 행려병자 취급을 받지 않을까 하는 생각이 들지만 두고 보면 기업주의 생각이 어떤 것인지 확실하게 알게 될 것이다.

'일 잘하는 사람이 실세다. 돈 많다는 게 무슨 문제냐'

힘이 느껴져서 일단 좋다. 그래서 돈을 벌려고 법을 지키지 않고 거짓으로 이사 다니는 사람, 남자라면 모두 군대 가 국방을 지킬 때 요리조리 피해 다녔던 사람, 나라공금인지 자기 돈인지 구분하지 않고 제 주머니에 넣은 사람, 높은 직위 올라가 월급 더 받으려고 논문 베껴쓰기 하는 사람, 이명박 정부의 집권 초기에는 어떻게 그런 사람만 잘도 찾는다는 생각도 해 봤다. 나만 그렇게 눈치가 없었나 새삼스럽게 더딘 감각을 탓해 본다.

사기를 쳐서 모으던지, 간 크게 탈세를 하든지, 협잘 질을 잘해서 오르든지, 아니라면 간도 쓸개도 내 놓고 자식들 부끄러운지도 모르게 두 눈 찔끔 감고 완장차고 나팔수라도 자청하려는 사람들.

어디에 쓸 돈인지 모르지만 돈 버는데 크게 한 몫 하려는 사람들이 발탁기준이다.

국민들이 배워야 할 것들을 시원하게 가르치고 있다. 문제는 자신도 모르게 그대로 따라하려는 국민들과 못 좇아서 안달하는 사람밖에 안 보이는 현실이다. 도둑놈도 자식들에게는 도둑질을 안 가르친다는데 온 동네, 국가 전체가 어떻게 살아야 하는가를 뼛속깊이 후세들에게 가르치고 있다. 너무도 비탄스럽다.

요즈음에 조용해진 사람들이 있다. 사상과 이념이라면 '정확한 자, 잘드는 칼'에 비유되는 이른바 애국반공투사들이 조용하다. '꺼리'가 없어졌다기보다는 깃발 들고 설치는 동안에 '돈'이 낡은 이념과 게임이 안 되게 되었다는 현실을 뒤늦게 알아차려 버렸다. 깃발 들고 한참 달려 나가다 보니 뒤에서 똥파리 떼들이 들끓고 있었던 것이다.

지난 8월 4일에 빌게이츠와, 버핏으로 대표되는 미국의 부자 40명이 생존, 혹은 사후에 재산 절반을 사회에 환원하기로 약속했다. 기부할 금액이 자그마치 한국 돈으로 170조원이다. 지킬 약속임을 의심치 않는다.

미국은 한국이 아니다. 한국은 한국이고, 미국은 미국이다. 맞는 말이다. 그런데 달라도 이렇게 다른가. 환상이 따로 없다.

힘과 방향은 운동의 기본 요소다. 사회과학에서는 의지와 목표로 치환해 볼 수가 있겠다.

성실은 정직과 근면이다, 풀어쓰면 정직하게 열심히 하는 것이다. 열심이되 거짓과 도둑질하는 데만 열심이라면 어떻게 되겠는가, 그러나 현실이다.

100마일로 가는 자동차에 핸들이 없다. 빨리 갈수록 위험한 것이다. 그런 자동차가 오늘의 한국을 누비고 있다.

시대를 넘어 어둠을 뚫고

동양에 칭기스칸이 있었다면 기원전 2세기경에 코끼리를 타고 알프스를 넘어 로마제국을 정복한 카르타고의 명장 한니발은 서양의 풍운아로 손색이 없는 인물이다.

로마의 변방, 카르타고(아프리카 튀니지지역)의 한니발 장군에 대한 수많은 전설적 일화는 오늘날까지 세세하게 전해 내려오고 있다.

잘 알려지지 않은 일화 중에 하나가 수많은 초상화와 동상이 얼굴의 한쪽면만 보이도록 제작되었다는 사실이다.

어느 날 화가에게 자신의 초상화를 그리도록 했는데 정면 얼굴을 사실대로 그려서 드렸더니 그림에 비친 자신의 애꾸눈에 몹시 화를 내며 화가를 되돌려 보내고 다른 화가를 불렀다.

이번에는 있는 애꾸눈을 정상으로 만들어서 가져갔다. 그림을 보고 거짓과 아부를 한다고 역정이었다.

세 번째 화가는 참으로 걱정이 아닐 수가 없었다. 이러지도 저러지도 못하고 고민고민 끝에 정상적인 한쪽의 옆얼굴을 그렸더니 아주 좋아해서 그 그림들이 오늘날까지 전해 내려오고 있다고 한다.

"사물을 어디에서 보느냐" 하는 것 즉 '관점'의 중요함을 알려주는 이야기다.

2천년도 훨씬 지난 오늘날에 그 곳 튀니지에서 한니발 장

군의 폭풍 같은 환생이 지중해 연안을 휩쓸고 있다. 참으로 역사는 이런 것인가,

위키리크스의 폭로로 촉발된 시민혁명이 그곳 튀니지에서 발생한 것도 의미심장하려니와 지중해연안의 민생민주화운동이 인접 이집트의 30년 무바라크정권을 끌어 내렸다.

실업율 23%가 말해주듯 먹을 것이 없는 국민들과는 달리 오직 정권유지에만 골몰하고 반대자를 처형하는 것으로 대명천지에 국민들에게 무슨 희망을 줄 수 있었겠는가!

민생민주화운동이 없었던 게 오히려 이상했을 수가 있다. 종교적인 이유에서였건 역사적으로 한 번도 민중에 의한 정치변화가 없었던 지역에서의 민주화운동이 향후 어떻게 전개 될 건지 예단이 쉽지 않다.

당장 이집트가 어떻게 되는지도 작금의 관심이겠지만 '다음차례가 어디냐'가 오히려 관심이다.

로마의 폭정과 탄압, 갈취가 성행했던 곳에 해방자 한니발은 무혈 입성했던 곳도 많다.

모로코, 알제리, 리비아, 수단, 예멘, 사우디, 그리고 이탈리아. 앙시앙레짐으로 회자되는 구시대적 악폐에 대한 앙팡테리블(무서운 아이들)이 노도처럼 거침이 없다.

신자유주의로 불리고 있는 자본의 집중화가 선진자본주의 국가 내부에서도 예사롭지 않거니와 이들로부터 그 기술과 낮은 민도를 등에 없고 정권을 잡고 권력을 유지하고 있는 신흥자본국가와 개발도상국 통치자들의 통치이념이라는 게 어린아이 손목 비틀기처럼 단순 무식하다.

국민들은 날로 진화해가는 세계화의 물결 속에서 세상의 이치와 변화를 벌써 꿰뚫고 있는데도 자본과 돈의 힘에 의

해서 국민의 기본 권리를 유린하고 굴종의 삶을 강요하는 전근대적 통치행태를 자행하고도 무엇이 어떻게 돌아가는지를 국민들보다도 모르고 있었으니 자업자득이요, 사필귀정이다.

부와 권력 외에도 사람이 인간답게 사는 방법과 형태는 무궁무진할 수가 있다.

승자독식, 패자부활전이 허용되지 않는 사회, 삶 자체를 돈으로 서열화 시키고, 위민정치에 기반을 둬야할 정치권력마저도 돈을 벌기 위한 종속적 수단으로 전락해버렸다.

몇 해 전까지만 해도 '더불어 살자'고 하면서 희망과 비젼을 제시하면서 훈훈해 했던 기억이 얼마나 공허한 허구가 되어버렸는지…

이번 이집트 시민혁명의 대상인 무바라크 정권하에서 무바라크 그 한사람을 위해 돈을 갖다 바쳤던 기업인이 있는가 하면 강제로 기업을 빼앗긴 기업인도 있었을 것이고, 30년 무바라크의 폭정에 반대하고 저항했던 무수한 양심적 지식인들과 그들을 잡아다가 자기식대로 기소하고 재판하고 처형했던 이집트의 사법부가 있었을 것이다.

인생여정에서 보면 가느다란 실낱같은 권력 끄트머리라도 잡고 싶어서 곡학아세를 하고, 그것으로 국민들 탄압하는데 앞장선 자 무릇 얼마일까.

이쯤에서 우리의 거울을 들여다보면 우리는 어떤 모습을 하고 있을까. 우리는 지금 어디로 가고 있을까.

'관점'이 보다 확연해지는 이 느낌을 단지 '정도의 차이' '먼 산의 불구경' 정도로 폄훼되지 않기를 바란다.

시대를 넘어, 어둠을 뚫는 한니발 장군의 말발굽소리는 지중해 연안에만 머물러야 할 것인가!

안철수와 갈라파고스 신드롬

유난히 까다롭다.

전화 받을 때부터 뭔가 예사롭지 않을 것 같은 예감이더니 만나고 보니 마른 체격에 대뜸 타이어 스피드레이트를 묻는 게 아닌가,

"그걸 어떻게 아세요?" 내가 되묻는다.

"그냥 묻는 건데 물어 보면 안 되요?"

"보통 승용차는 최하 130마일 이상입니다. 더 빨리 달릴 기회가 있을까요. 사모님?" 보통 남자 분들도 잘 알지 못하는 타이어가 견딜 수 있는 최고스피드 강도를 묻는 것이었다.

이윽고 차에 가서 타이어를 체크 하다 보니 "어머, 19인치타이어네" 캐딜락 XLR -V, 마음속으로 어이쿠 이거 큰일 났구나, 가장 드문 사이즈에 가장 비쌀 수밖에 없는 타이어가 장착되어 있었던 것이다.

품질이 별다를 게 없는 이 타이어는 수요가 적고, 따라서 제작비용이 많이 들어가니 타이어회사에서도 원가를 올릴 수밖에 없어서 비슷한 여느 타이어 보다 2배가 비싼 엉뚱한 가격이 형성된 듯하다. 유별난 성격에 유별난 차를 타고 다니는 구나.

1980년대 일본은 세계경제를 휘어잡을 듯하였다. 미국을 곧 뛰어 넘을 것으로 호언했던 것을 생생히 기억하고 있다.

그 때를 선도했던 기업들이 소니, 마스시타, 히타치, 샤프, 파나소닉 등 이름만 들어도 한국기업들이 감히 경쟁 상대로 떠 올릴 수 없었던 그들이었다.

'워크맨 왕국' 소니, 엊그제 이사하다가 어느 가방 속에서 손바닥만 한 워크맨이 세 개나 나왔다. 배터리 문제로 더 이상 쓸 수가 없게 되어서 버리려고 하다가 문득 처음 워크맨을 샀을 때 이어폰 속에서 흘러나오던 서라운드 뮤직을 떠 올려 본다.

그 조그만 곳에서 그런 웅장한 음악이, 지금도 잊을 수가 없다.

가정마다 하나로는 부족했던 그 워크맨, 그게 지금은 기본 부품의 호환성이 없어서 쓸모가 없게 된 배경이 소니의 현 주소다.

물론 기업의 문제다. 살아남기 위해서 혁신, 합종연횡을 그들이라고 몰랐을까,

'남과 달라야' 살아남던 시절의 차별화의 전략과 내것, 내 방식만 고집하는 것도 소비자 정보력이 제한적이었을 때의 말이지 글로벌 시대에 어떻게 살아남느냐 보다 어떻게 혼자 고립될 수 있는가를 보여 주는 사례다.

25%의 묻지 마 지지층이 있는 박근혜 전 한나라당 대표가 90% 대통령에 당선된다는 믿음을 확신하는 한국정치평론가 고 성국, 그의 평론이 얼마나 오래갈 지는 아예 관심 밖이다.

하물며, 정당지지도에서 5%대를 넘지 못하고 있는 민노당과 진보신당이 얼마 전 통합을 위한 대의원 대회에서 통합 승인 안이 부결되었다. 나름의 사정이 있다지만 궁극적으로 누구를 위한, 무엇을 하기 위한 정당인지 깊은 회의와 함께 일반 국민들에게는 조소거리마저 되지 못할 것이다.

50%의 지지율을 갖고도 5%의 지지율을 보이는 후보에게 서울시장 후보 단일화를 위해 양보하는 안철수 교수에게서 갈라파고스 신드롬으로 시름하는 야권의 자리다툼이 얼마나 초라한지 뚜렷하게 나타난다.

안교수 돌풍 이후에 이런저런 말들이 많지만 답답했던 수많은 국민들이 역동적 에너지를 느끼면서 달라진 하루를 시작하는 것은 '역사를 거꾸로 돌리고 있는 한나라당을 응징' 해야 한다는 그의 역사인식에서 보듯, 오는 10월 서울시장선거와 내년 총선, 대선에서 민주와 정의, 상식이 제대로 자리할 크나 큰 발판을 찾을 수 있을 것 같은 희망과 미래가 보이기 때문일 것이다.

제4부

나의 신념 흥사단

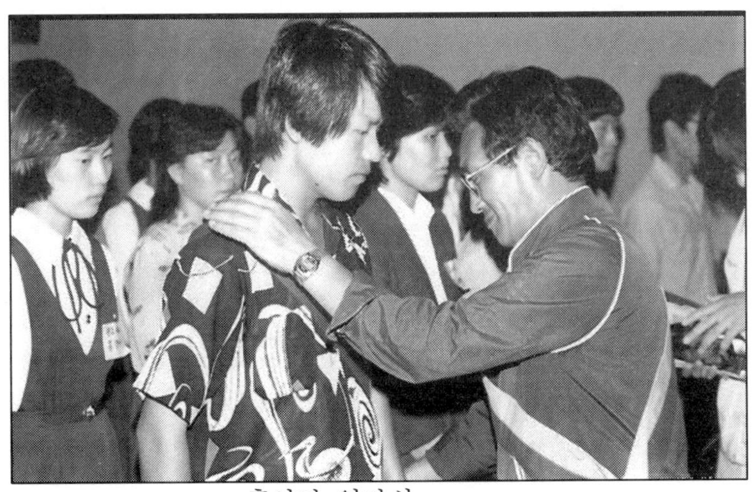

흥사단 입단식

힘을 기르소서, 이말 뿐이외다.

"힘이 적으면 적게 이루고 힘이 크면 크게 이루고, 만일 힘이 없으면 도무지 일은 하나도 이룰 수가 없다. 그러므로 누구든지 자기의 목적을 달성하려는 자는 먼저 그 힘을 찾을 것이다. 힘은 건전한 인격과 공고한 단결에서 난다는 것을 나는 확실히 믿는다."

100년 전 도산의 말씀이다. 독도문제와 관련하여 그 의미가 새롭다. 그 시작도 힘이요, 결말 또한 힘이 해결할 것이기에 더욱 그렇다. 그러한 힘의 실체를 지식, 금전, 신용에서 찾았고, 이를 신장키 위해 부단히 연구하고, 노력을 해야 할 것이다.

92년 문민정부가 들어서서 세계화를 외치던 시절에 한국내의 모 은행이 지점장급 이상 고급간부를 대상으로 7박 8일간 인사법에 대한 교육이 있었다. 당시는 조그만 규모의 은행이었지만 서비스에 관한 한 타의 추종을 불허할 만큼 시스템과 경쟁력을 갖추었고, 소비자 만족도 조사에서 항상 수위를 자랑하던 곳에서, 알만큼 알 것이라는 지점장들에게 '인사하는 법'만 가지고 72시간이라는 시간을 할애했다는 자체가 당시로선 소문날만한 일이었다.

창구에서 여직원들이 아무리 친절하게 해봐야 무게 잡고 눈에 힘주고 왔다 갔다 하는 윗분들 때문에 근본적인 친절의 분위기가 살지 않고, 인사는 손아래 사람이 먼저 하는 것이고, 윗사람들은 받는 것이라는 고정관념 때문에 아무리 인사를 잘해도 잘 받아주지를 않으니 아랫사람 교육만 가지고는 한계가 있다는 설문조사를 접하고 나서부터 '발상의 전환'을 과감하게 수용, 변화를 선도키로 했다는 것이다.

윗사람이 먼저 인사하기, 하루 열 번이고 스무 번이고 볼 때마다 인사하기, 당대 최고 서비스를 구가하던 스위스항공에 의뢰, 진실의 순간(MOT•Moment of Truth, 고객은 최초의 15초에 구매의 80%를 결정한다는 뜻) 개념 이해하기, 또한 이때 등장한 말이 '내부고객'이다. 고객을 내부직원, 고객, 잠재고객으로 나누고, 우선적으로 내부고객인 직원에게 고객만족에 대한 솔선수범을 보이면 그게 연쇄적인 반응을 가져온다는 것이다. 72시간 교육을 끝내고 나니 어느 때, 어느 곳에서든지 정확한 인사자세가 몸에 배어나오더라는 것이다. 10여 년이 지난 오늘, 그 은행은 이합집산 과정을 거치는 동안 인수합병을 통해 굴지의 은행으로 여전히 질주하고 있다. 치열한 경쟁시대에서 제품력에만 의존해서는 잘되기는커녕 살아남기조차 힘든 세상이다.

미국에 이민 올 때 강력한(?) 후원자가 없어 비행기에서 내리면서 직업이 결정되는 행운이 나에게는 없었다. 그러다 보니, 짧은 시간에 전혀 색다른 직업을 7~8개 경험한 귀중한 기회를 가질 수 있었다. '경험은 없지만 열심히 하겠습니다'하고는 열심히 해 보지만 생전 처음 해보는 일이 수십 년 동안 그 일을 해오던 분들의 눈에 찰 일이 아니었다. 자신의 무능을 새삼 느끼면서 부끄럽기도 했다. 그래서 인사라도 열심히 하자고 볼 때마다 밝은 소리로 인사를 꾸준하게 해 보지만 주변에서 소가 닭 쳐다보듯 한다. 결국 쑥스럽고 민망하기 그지없다. 그것 때문은 아니겠지만 얼마 못 다니고 그만 밀려나오곤 했다. 그러기를 몇 차례. 나중에야 옆 귀로 들으니, 주인이 종업원에게 일 잘한다고 칭찬해주면 종업원이 급료 올려달라고 하니 함부로 칭찬하기를 꺼린단다. 칭찬이 오히려 독이 되어 돌아오는 경우를 지레 걱정하는 모양이다. 그 말이 맞을 까닭이야 없겠지만 어쨌든 칭찬에 인색한 듯하다.

업무적인 분야를 떠나서도 마찬가지다. 이웃이 잘되면 내가 좋다. 장점을 찾아내고 칭찬하면 그게 본인에게 되돌아온다. 강아지도 예뻐해 주는 사람을 따른다.

미국에 와서 영어 한마디 못하는 자녀들 학교 다녀온 첫날을 모두는 기억할 것이다. 힘들어하는 아동도 더러 있지만, 생각했던 것 보다 학교 가기를 좋아한다. 언어는 피부로 느낀다고도 한다. 한가지만이라도 선생님 눈에 띄면 여지없이 칭찬의 표정과 말이 화살처럼 파고든다. 자신감과 용기로 미국의 첫 생활을 시작케 하는 것이다. 잘하기 때문에 칭찬했을 리가 없다. 잘하는 것을 칭찬해주기는 쉽다. 칭찬해서 잘하게 만드는 것이 이 시대의 리더가 지녀야 할 덕목 중에 하나로 세상은 변하고 있다. 하물며 꾸중할 것만 머릿속을 채우고 있다면 한번쯤, 오늘날 한국의 대표브랜드 삼성전자가 경영적 측면에서는 인재발굴과 더불어 꾸준한 내부고객 만족의 산물임을 거울로 삼을 수도 있는 일이다.

정의는 반드시 이루는 날이 있다

실로 25년의 세월이 흘렀다. 그 동안 부분적으로 실체적 진실이 밝혀져 왔고 95년 12월 제정된 특별법에 의해서 80

년 광주는 어느 정도 다시 살아났다. 79년 10.26으로 18년간의 군부독재가 끝났구나 싶었고, 더불어 새로운 민주화의 열망이 한반도 남단에서 만개하리라는 민족적 여망을 12.12와 5.18을 거쳐 집권한 5공 세력들에 의해 여지없이 짓밟힌 지가 25년이 지났다.

독일의 역사학자 '칼 잉겔하임'이 역사방법론을 통해 '역사는 반복된다'고 역설했다. 한번으로도 치욕스러운 욕된 군부쿠데타가 두 번씩이나 자행되었다.

자기 민족자존을 어느 정도의 수준으로 생각했기에 그런 수준의 발상을 할 수 있었을까? 요즈음 모국의 방송국에서 다큐드라마로 '제5공화국'을 방영하고 있다. 젊은 세대들은 애써 외면하지는 않겠지만 픽션 드라마나 과다노출문제가 터진 즉흥적이고 세기말적인 오락 프로그램에 빠져 있는 사이 기성세대들은 이 드라마를 통해서 제5공화국의 실체들을 보며 몸을 부르르 떨고 있다.

왜 놀라는가? 왜 새삼 분노하고 있는가? 그 동안 수 없이 광주의 진실을 밝히려 하고, 알리려 했을 때, 관심을 갖고 조금이라도 애정을 가졌더라면 이렇게 제3의 연기자가 각본에 의해서 연기한 방송국 드라마를 통해서야 겨우 실체적 진실에 한발 다가서면서, 뒤늦게 '죽일놈들'하는 정도는 면했을 것 아닌가. 정녕 민주주의는 구성원의 시민의식 수준까지만 자라난다는 게 맞는 것인가.

다시 25년 전으로 되돌아 가보자. 하극상을 통해 상관과 군부를 접수한 쿠데타 세력들은 방송언론 통폐합, 국회해산, 국보위를 통한 내각 접수 등 아프리카 추장세계에서나 있을 법한 일들을 획책하고 있을 때 이들의 총구 앞에서 모두 너무나 무력하게 무릎 꿇고 말았다.

유독 광주시민들만이 이들에 대항하고 있었고, 무참히 짓밟혀 버렸다. 무엇이 진리이고, 어떤 게 정의인지 분간할 수 없는 야만의 시대에 하늘만 바라볼 뿐이었다. 대다수의 국민들은 어떻게 광주를 대했었는가? 모두가 빨갱이 XX들로 내몰았다. 기업체에서도 해당지역출신들의 채용을 기피했을 정도였다. 반면 체육관 선거로 99.8%라는 압도적(?) 지지를 받고 출범한 5공 세력들은 그들의 국정지표를 '정의사회 구현'으로 정했다. 아이러니의 극치가 따로 있지 않았다. 수많은 곡학아세가 세상을 현혹했다.

그때 당신은 어느 쪽이었는가. 흑백을 가리기에는 너무도 명백한 진리와 정의 앞에서 지난 세월 우리들의 모습은 부끄러울 정도로 어정쩡하지는 않았는가?

그놈(군부쿠데타세력)들만 죽일 놈 들이고 나는 아무렇지도 않다고 슬금슬금 뒷걸음할 생각이었는가. 58년 8월 '씨알의 소리' 에서 함석헌 선생이 "생각하는 백성이라야 산다"고 했다. 그 웅변이 80년 5월 광주가 일어나기 십 수 년 전이었고, '진리는 반드시 따르는 자가 있고 정의는 반드시 이루는 날이 있다'고 했던 도산 안창호 선생의 일갈은 몇 세대를 거치면서 우리의 귀를 울리고 있지만 80년 5월 광주와 대입해 보면 왠지 공허한 느낌마저 든다.

80년 5월 18일 오전 광주의 국립 전남대 정문에서 자유와 정의를 갈망하는 학생들의 들끓는 분노가 하늘을 찌르고 있을 80년 5월 18일 09:00경에 지구 반대편 미국 워싱턴주 세인트 헬레나 산에서 지축을 흔드는 진동과 함께 금세기 최고의 화산이 폭발했음을 뒤늦게 미국의 시애틀에 와서야 알았다. 사람이 진리와 정의에 귀 막고 눈 가리고 있음에 하늘의 봉화로 그들을 일깨운 듯 하여 놀랍기만 하다.

낙망은 청년의 죽음이요 청년이 죽으면 나라가 죽는다

군생활을 같이 했던 전우를 25년 만에 이곳 교회에서 만났다. 비록 반백의 머리였지만 곱다운 얼굴은 '나이 40이면 자기 얼굴에 책임을 지라'는 링컨의 얘기를 상기하지 않더라도 큰 고생 없이 살아왔겠구나. 짐작할 수 있었다. 이 넓고도 넓은 미국 땅에서도 담 하나 사이에 두고 옆 동 1베드룸 아파트로 이사 온 지 한 달이 되었단다.

비슷한 시기 475세대(50 안팎 나이)들이 그랬듯이 착하게 살았든, 멍청하게 살았든 정리하고 한국을 떠날라치면 뻔한 주머니 사정이 아닌가. 이름 정도 아는 친척집에 네 식구가 덜렁 왔다가 바깥세상이 뭔지도 모르고 집안에만 박혀서 군기 잡힌 지 4개월.

교묘하게 모든 걸 다 털리고 나서야 정신이 들어 굶어 죽느니 맞아 죽자는 심정으로 친척집을 나와 서투른 영어로 손짓 발짓 해서 1베드룸 콘도 몇 개월 디파짓하고 얻고 보니 당장 주머니가 텅 비어 살얼음을 걷고 있는 중이란다.

제 아무리 사회에서 잘 나가던 사람도 신병훈련소에 가면 영락없는 이등병이듯 갓 이민 온 사람들은 잘해야 중학생 정도의 적응능력밖에 안되기 때문에 보호가 절실한 시기이기도 하다.

나도 미국에 와 지난 2년 동안, 특히 미국에 온 지 얼마 안 되어 길도 모르고, 자동차도 없고, 교민들과 본격적인 접촉이 없어서 정보도 없고, 가장 보호가 필요한 시기에 아차 싶을 때가 있었다. 이런 일들이 동포사회 여러 곳에서 언제라도 일어날 개연성이 있다고 본다. 꿈과 걱정으로 뒤범벅이 되어 다람쥐 눈망울을 하고 있는 그들에게 격려와 희망을 주지는 못할망정 첫마디에 '뭐 하러 미국 왔느냐'면서 비아냥대지나 않고 있는지.

좀 더 일찍 왔기에 조금만 상냥하면 챙겨줄 수 있는 일들도 '그것도 모르고 미국 살려고 했느냐'는 식으로 위축시킨다.

그땐 물론 가져올 수도 없었겠지만 1,000불 이상 가져왔다는 사람도 만나기 힘들다. 그래도 지금의 입지를 세웠고, 당신들 놀고먹을 때 우린 고생했으니 20년 전 우리가 겪었던 고생을 고스란히 당해야 한다는 식이다. 그런 견강부회를 당하고 나면, 머나먼 이국땅에서 동포 만나 말이 통한다는 사실만으로, 마켓의 한글만 보고도 마음의 안정을 찾는 신규 이민자들의 가느다란 웃음마저 여지없이 앗아가 버린다.

앞으로 동포사회를 위해서도 계속 들어와야 할 새내기 이민자, 그들에게 훈훈한 마음으로 희망과 격려를 주자. '고생 없는 대가 없다'는 우격다짐의 논리로 동포사회를 힘들게 하는 시행착오의 대물림을 이제는 걷어내는 것이 마땅할 것이다. 다단계 로켓으로 우주선을 밀어 올리는 이치와 같이 한층 성숙한 동포사회의 바탕 위에서 정다운 새 이웃이 유입되고 차세대를 견인할 수 있기를 기대해 본다.

"낙망은 청년의 죽음이요, 청년이 죽으면 나라가 죽는다"

고 도산 선생께서 일갈하셨다. 우리 주변을 둘러보면 의외로 따뜻한 분들이 많다. 다시 일어서자. 여긴 약속의 땅 미국이고, 우린 다시 일어날 수 있다. 친구야! 성공의 반대는 실패가 아니고 포기하는 게 아닐까. 그리고 5년 후, 10년 후 우리는 되풀이하지 말자.

훈훈한 마음으로 빙그레 웃는 얼굴

도산은 심오한 교리나 철학을 즐겨하지 않았다.
대체로 그는 일상에서 손쉽게 실천할 수 있는 것들을 존중했다. 추상적인 것보다는 손에 닿는 구체적인 것으로부터 출발한다. 도산으로 보면 실천 없는 이론은 공론에 불과했으므로 '소에게 무엇을 먹여야 가장 좋다는 토론에 허송하다가 소를 굶겨 죽이느니 풀 한 짐 베어다가 먹이는 게 열 백 배 낫다'는 식이다.

우리 주변에 너무나 남발해서 무디어진 말 중에 '사랑'이란 말이 있다. 천만번 떠들어도 기분 좋은 말 '사랑해' 사랑의 반대는 증오요, 미움이다. 미워하지 않는 마음에서부터 사랑이 싹튼다. 어떤 대상, 누구를 먼저 사랑해야 할까? 나 자신을 사랑하고 나서 남을 사랑하라고 했다. 그래서 애기애타(愛己 愛他)이다. 나를 사랑하고, 내 가족을, 내 주변을 사랑하자. 마음은 그렇지 않다고들 하면서 반대로 하고 있지 않는지 심각하게 자문 해볼 일이다.

멀리 있는 사람들은 시간적, 공간적으로 이해하고, 사랑하고 포용하기도 어렵거니와 비경제적이다.

우선, 나 자신을 끔찍하게 위하고 아끼자. 건강하고 밝은 마음으로 매사에 임하자. 가족들이 밝고 건강해지고, 주변이 그로 인해 훈훈해진다. 반면에 오만상을 찌푸리고 집에서나 직장에서나 하루만 지내보라. 곧바로 가족이나 주변부터 회피하고 측은하게 여김을 받게 될 것이다. 자신을 학대하고 깎아 내리는 일이다.

둘째, 가족을 아끼고 미워하지 말 것이다.
어떻게 맺어지고 만들어진 인연인데, 이 세상 누구와도 바꿀 수 없는 사람들 아니던가. 가끔씩 가족 간의 지나친 집착이 화를 불러오기도 한다. 너무 가까이 있기에 잇속의 고춧가루도 보일 수 있는 것 아닌가.

그리고, 자기 주변사람들이다.

'한 사람 건너 아는 사람'을 일곱 번만 하면 70억 지구촌 인구 누구와도 연결된다고 한다. 하물며 동포사회는 얼마나 가깝겠는가. 한 사람 건너 모두 연결된다고 해도 과언이 아니다. 크고 작은 모든 일들이 바로 자기 주변으로부터 흘러 나간다. 일부러 의식할 필요까지도 없다.

그냥 '훈훈한 마음으로 빙그레 웃자' 한국의 대표 얼굴 안동 하회탈을 떠올려보자. 시비 붙고 미워할 수가 있겠는가.

지금 의자와 가구 수리회사에 다니다 보니 회사에는 디자인과 질감이 각기 다른 5천여 가지의 천들이 진열되어 손님을 기다리고 있다. 저마다 취향과 성격이 다르기 때문에 그만큼 제품이 많아졌을 것이다. 이렇듯 각자가 다를 수 있음을 인정하는 데서 미움이 없어지고 사랑이 싹틀 수 있다.

말이 쉽지 그게 쉽지 않다는 게 문제다. 그래서 도산 안창호 선생은 '사랑하기를 열심히 공부하라'고 했다. '연습이 필요하고 게을리 하지 말라'고도 했다. 그래서 한마디로 형상화할 수 있고 가장 한글적이요, 소박한 말, '훈훈한 마음으로 빙그레 웃는 얼굴'을 생각해 봤다.

자칫 각박해질 수 있는 이민생활. 미 전역 한인 동포 업소마다 부적처럼 붙어 있는 'Let's smile'. 두고두고 곁에 붙잡아두고 싶은 말이다.

거짓을 배격하고 참을 따르자

'거짓아! 너는 내 나라를 죽인 원수로구나!

'죽더라도 거짓이 없어라, 꿈에서라도 성실을 잃었거든 통회하라'

다소 진부해 보이는 도산 안창호 선생의 어록이다. 기실 흥사단의 이념과 목적이 민주사회 건설에 있고 이를 위해서 각개인의 건전한 인격을 도야하고, 그런 건전한 인격들이 모여서 신성한 단체를 이룰 때 큰 힘을 발휘할 수 있다. 건전한 인격의 핵심요소가 무실역행을 생명으로 삼는 사람들로서 참을 실천하는 것을 목숨처럼 여겨야 한다.

거슬러 올라가 100년 전에도 얼마나 많은 거짓과 위선이 나라 안팎을 횡행하여 민주사회의 발전을 가로 막고 있었을까…

개인은 물론 사회단체나 국가가 정직이란 바탕위에 있을 때와 그렇지 않을 때 미래를 예측하기는 어려움이 없을 것이다.

5년 전 친척도 친지도 없이 한국에서 미국 변호사와 통화 몇 번 한 뒤에 시애틀에 내렸었다. 도착한 지 4개월쯤 지났을까 직장 후배가 불미스러운 일로 퇴직하고 소식이 없더니 그곳에 정착한 사실을 알고 어찌저찌해서 반가운 마음에 연락이 되었는데 만나고 싶지 않다는 것이었다. 그 외롭던 때에 서운함이란…

나중에 알고 보니 한국에서 있었던 일을 주변에 다르게 말해 놓은 게 마음에 걸렸던 모양이었다. 요즈음 본국에서는 신정아 동국대 교수를 시작으로 영어강사 이지영, 이창하 인테리어 디자이너, 김옥랑 단국대 교수, 심형래, 윤석화, 장미희 등 날만 새면 허위 가짜학력 파문이 연이어지고 있는 가운데 유독 이곳 미국의 가짜학위가 많고, 따라서 본국에 있는 가족친지들과 이곳의 안부라도 전할 때면 어디까지 믿어줄지 모를 일이다.

옛말에 한 번의 거짓말은 스물 두 번의 거짓말로도 바로 잡지 못한다고 했다.

차라리 동화속의 피노키오는 거짓말 할 때마다 코가 길어지니까 알기라도 한다지만 입만 벌리면 허풍 투성이인 사람들은 자기 자신마저 그 심각성을 모르게 되고, 주변에 직간접의 피해를 주게 된다. 그 거짓말하는 기술로 공인이 되어 사회를 어지럽힐 수 있다는데 문제의 심각성이 있다는 것이다.

일각에서는 근본적으로 거짓이 만연해질 수밖에 없는 사회분위기 탓으로 돌리려는 얄팍한 동정론까지 가세해서 '거짓말 공화국'을 정당화 하려든다면 미래가 없어질 일이다.

한미 간 무비자 왕래가 잦아지고. 자신이 한국에서 가깝게 지내던 사람들이 곁에 오는 걸 두렵게(?) 생각지 말고 최선을 다 해야겠다.

조사에 의하면 사람들이 하루에도 일곱 번씩 거짓말을 하고 있다는 통계가 있다.

흔한 말로 노인들이 빨리 죽고 싶다던가, 바캉스 떠나는 아들이 일행 중에 여학생은 없다는 등이 그것들이다. 일컬어서 '하얀 거짓말'일진데 비록 남들에게 피해를 주지 않았을 뿐 자신을 속인 것이며 습관이 되면 그 인격이 변하고 운명이 바뀌는 것이다.

지나가는 얘기로 '언제 식사나 한번 하자'는 말을 무심코 하지말 일이다. 아무리 사소한 약속이라도 지켜야할 이유가 여기에 있는 것이다.

흥사단 770기러기 동기들

고액권 초상화와 어느 흥사단우의 고민

얼마 전 만화로 소개된 바 있었던 '쩐의 전쟁'이 드라마로 재구성되어서 호기심 반 서글픔 반으로 다시 보게 되었다.

돈 없고 담보 없는 서민들을 상대로 하는 고리대금 사채 업자를 중심으로 펼쳐지는 인간의 탐욕, 그리고 멸망에 이르는 과정을 보면서 '삶이 무엇인가?' 잠꼬대 같은 감상에 잠시 젖어 보기도 했다.

눈만 뜨면 미친 듯이 각자의 생활 속에서 행복과 불행을 저울질해 가며 무소불위의 괴력으로 우리들 주변을 맴돌고 있는 게 돈의 실체임을 부인할 수 없다.

얼마 전 멕시코시티에 사는 중국인이 자신의 집에 2억 달러(한국 돈 2천억 원)의 음성거래자금을 그것도 현금으로 쌓아 놓은 것을 신문에서 보고나서 '남대문의 마동포'가 실제로 있긴 있구나 생각했다.

지금 본국에서는 여러 가지 수요에 의해서 2008년 상반기에 5만 원, 10만 원 등 고액권지폐의 발행을 앞두고 지폐에 들어갈 인물선정 때문에 고심을 하고 있는 모양이다.

미국지폐의 상징이라고 할 수 있는 1달러짜리 지폐에는 워싱턴 초대미국 대통령의 초상이 있고, 뒷면에는 13층 미완성 피라미드위에 신성의 눈, 독수리 휘장위에 13개의 별, 독수리의 양발에는 13개의 월계수 잎과 13개의 화살이 쥐어져 있음을 알 수 있다. 이는 두말할 필요도 없이 건국 13주를 상징함은 물론이고, 13은 초월을 상징하는 숫자라고 한다.

화폐에 사용되는 상징은 꼭 사람일 필요는 없지만 자기나라를 압축적으로 표현할 수 있어서 다른 소재보다 많이 채택되고 있다. 그런데 그 인물선정이 간단치 않다는 것이다.

이제 시대와 다양성의 차원에서 천편일률적인 '이씨 남자'에서 탈피하자는 게 중론인 듯하다. 발권은행에서 어떻게 결정할지 궁금한 가운데 도산선생도 후보군에 올라있어서 추후 채택여부와 상관없이 그가 갖고 있었던 국제성, 미래성, 실용주의 철학 등을 살피고자 한다.

도산의 사상을 한마디로 함축한다면 그것은 힘이다. 힘 있는 사람, 힘 있는 단체, 힘 있는 민족국가 구현이 목표였다.

힘도 구체적으로 지식의 힘, 금전의 힘, 신용의 힘으로 정하고, 3대 자본 동맹 저축론을 운동기조로 정하였다. 이조말엽에 성리학의 배금주의가 상당히 퇴조하였지만 돈, 경제의 중요가치를 드러내놓고 말하기에는 어려운 시기임에도 국제적 실용주의 사상을 접했던 도산은 거침없이 돈의 중요성을 설파하였다. 미주의 독립운동자금을 모아서 수차에 걸쳐 상해로 전달하여 상해임시정부의 재정을 책임지다시피 하였으며, 각 개인들에게도 돈을 벌기 위해 한 가지 이상의 기술을 습득할 것을 독려하였다.

개인적인 입장에서는 지폐에 도산 초상이 들어가서 사랑하는 국민들과 동고동락하는 가운데 그 돈의 쓰임과 거래 때마다 바름을 일깨우고, 나라의 나아갈 바를 밝혀 줄 수 있기를 바란다.

상해 임시정부 준비시절에 극구 사양하던 내무총장 겸 국무총리로써 각지의 지도자를 모이게 하여 1919년 9월6일 통합임시정부를 수립해 놓은 다음에 정작 자신은 노동국 총판이라는 말직을 맡은 것에서 보듯이 조직 내에서 어렵고 힘든 일은 자신이, 공은 다른 사람에게 돌리는 겸양의 모습을 수없이 솔선수범 하였다. 자기 내세우기를 극도로 자제하였기에 이번 화폐초상화 인물선정 과정 자체도 본인의 의지와 상관이 없어서 그렇지 생전의 그였다면 마땅히 거절하였을 것이다.

어느 대통령은 재임시절 화폐에 자신의 초상을 넣되, 접어 사용하면 초상이 훼손된다며 한쪽 옆으로 넣도록 했다는 사실과 비교해 보는 것은 독자들의 몫이다.

더군다나 새로 만들어질 고액권이 일부의 우려대로 음성적 로비자금이나 어두운 지하창고 속에서 변탈색되는 역할에 쓰지 않을까 우려된다.

실천이 생각보다 쉽다

요 며칠 전에 선배 오명석 단우님께서 부인과 함께 동유럽으로 여행을 떠났다. 한 달 후에 중요한 수련회도 있고 해서 금방 다녀올 것으로 생각했는데 45일간의 긴 여행이란다.

우리 같은 사람들이 한 달 이상 해외여행을 할라치면 가족은 물론이고 주변까지 법석을 떨었을 법 한데 이 분들은 여느 때와 별 다름을 느낄 수 없었고, 마치 이웃에 다녀오는 듯한 기분으로 떠났다. 떠난 뒤에 알고 보니 이런 일이 한두 번이 아니었고, 치밀하게 6개월 전부터 계획하고 준비했으며, 연례행사로 하고 있음을 알 수 있었다. 비단 여행계획에 그치는 게 아니라 주변에 은퇴생활과 관련하여 크고 작은 계획(은퇴시기, 은퇴생활 등) 한번 안 해본 사람이 어디에 있을까만 계획한 바대로 실천하는 분들이 얼마나 될까.

도산은 실천하는 사람과 못 하는 사람의 차이를 인격의 유무로까지 격상시켜서 실천을 강조하고, 공론을 배격하였다. 참을 알고도 실행하지 않는(또는 못하는) 것에 대하여 유달리 강조에 강조를 거듭했고, 이를 행하는 자를 건전 인격자로 규정하고, 이런 건전 인격자의 다소가 나라의 흥망을 결정 하는 것이니 각 개인으로부터 나라의 운명까지 별개가 아니라는 것이다.

실천의 중요성이 새삼스러울 거야 없겠지만 실천에 옮기지 못하는 사람들의 옹색한 변명의 주류는 “생각 같지가 않더라” “상황이 바뀌었다” “여건이 아니다” 등등 헤아릴 수가 없다. 이유 없는 무덤이 없듯이.

바쁜 이민생활 속에서 이것저것 살필 겨를이 어디 있으며, 그런 사치스런 생각이야 가진 것 있고, 시간 남는 자들만의 한가한 방담이 아닐까.

주변에 열심히 경제적 부를 축적코자 하는 분들이나 이미 상당한 경제적 부를 이룬 분들 중에서도 계량화된 목표가 없다보면 ‘많으면 많을수록 좋다’는 식의 울타리를 쉽게 벗어나지를 못하고 그토록 값진 인생을 어느 날 갑자기 마감해 버리게 된다.

주렁주렁 열쇠꾸러미를 지닌 채 “무엇을 위해 살아왔는가?” 하는 삶의 목적까지도 애매해져 버린다. 목표주가 없이 주식시장에 뛰어들었다가 시커멓게 탄 냄비 속이 되고 나서야 목표의 중요성을 새삼 깨닫듯이.

목사이자 저널리스트인 베르너 티키 퀴스텐마허는 그의 책 '단순하게 살아라' (Simplify Your Life)에서 "같은 일을 두 번 하지 말라"고 강조한다. 생각으로만 가득한 머리로는 한 가지도 이룰 수 없다.

충무공 이순신의 완벽에 가까운 리더십은 기록(난중일기 등)이 있었기에 이 시대에 재현해 볼 수 있다. 몸에 배인 기록습관 때문에 끊임없이 성찰해 23전 23승 전승할 수 있었음을 아는 것은 새삼스러울 것이 없다. 생활주변, 자신의 일상에서 옳은 것임(무실)을 알면서도 그것을 곧바로 실행(역행)에 옮기지 못하는 비효율과 시간적 낭비를 줄이자. 하루하루 열심히 살지만 큰 밑그림도 그려보고 나서 점들을 찍고, 점들을 모아서 선으로, 나아가 면을 만들고, 면들을 쌓아서 자신의 모형을 형상화시켜 가는 것, 기록하고 계획한 것을 곧바로 실천에 옮기는 건전 인격자 됨을 게을리 하지 말 것이다. '오늘은 어제 죽은 사람이 그렇게 살고 싶어 했던 내일'이라고 했던가.

작은 일 나부터

항상 겪으면서 느끼는 일이지만 '극과 극은 통한다'는 생각을 하고 산다.

한나라의 대통령을 뽑는 일에 힘을 보태는 일과 길거리에 널려진 쓰레기를 줍는 일이 여러 가지 면에서 같다는 생각이 그것이다.

작은 일이라고 소홀이하기 시작하면 큰일을 이룰 수도 없을뿐더러 어쩌다 노력 없이 그런 기회가 얻어졌다손 치더라도 제대로 꾸리기가 어렵고, 그런 나쁜 버릇이 나중에 그 개인은 물론이고, 주변과 사회에까지 한탕주의로 흐르도록 한다고 생각해본다.

어느 집이건 다 큰 아이들 방을 들여다볼라치면 짜증과 푸념이 앞서고 개선을 해 보려고 여러 가지 수고를 많이 하게 된다. 그런 아이들이 자라나서 큰일을 하기를 기대하는 것이 대부분의 부모생각이고 나 또한 마찬가지다.

그 어질러진 자녀 방을 살펴보면서 몇 가지 생각이 스친다.

솔선수범해서 치워주고 나면 다음부터는 스스로 알아서 하겠지, 천만의 말씀이다.

치우는 사람 따로 어지르는 사람 따로다. 세상의 이치도 흡사하다.

어느 날 날 잡아서 한꺼번에 해치우면 될 걸 가지고 사사건건 개인 공간을 간섭한다고 하는데 이 조그만 생각에서부터 한탕주의, 벼락출세와 요행을 바라는 나쁜 습관이 자라고 있다는 생각을 가져본다. 이 나쁜 버릇을 언제 어떻게 바꿔줄까를 고민해 본다.

자기가 버리지 않는, 남이 버린 쓰레기를 줍게 해보자는 발상, 흥사단적인 표현을 빌자면 '너 자신부터 건전인격이 되고, 작은 일 나부터 땀 흘리라'라고 할 수 있겠다. 자칫 잊어버리고 나태해지기 쉬운 이 격문부터 실천하고자 워싱턴 흥사단이 새해부터 나섰다. 매주 토요일 아침 7시, '워싱턴 모뉴멘트 깨끗이 하기 운동'으로 첫 사업을 시작하고자 하는 것이다.

흥사단이 1913년 샌프란시스코에서 무실역행을 생명으로 삼는 충의남녀를 단합하여 건전한 인격을 지으며 신성한 단체를 이루어 우리민족 전도 번영의 기초를 수립하고자 설립되었다. 설립된 지 99주년, 2013년 5월 13일이면 창립 100주년이 된다.

우리 민족의 힘이 부족해서 일본에 병탄을 당할 수밖에 없었던 치욕으로부터 나라를 되찾고자 하는 일념으로 혁명가 도산은 건전인격을 지닌 인재의 양성, 깨끗하고 높은 지성의 젊은이들을 길러 내는 것이 우리 민족의 앞날을 밝혀 줄 것으로 굳게 믿었지만 해방을 보지 못한 채 세상을 떠나고 만다.

해방된 조국은 민족의 허리가 잘린 채 아직도 67년의 통한의 세월을 보내고 있다. 흥사단이 민간주도 민족통일운동을 향도해야 하는 당위가 여기에 있다.

독재자 이승만은 유독 흥사단을 탄압하였고, 유신독재 시절에는 동숭동 흥사단 단소는 명동성당과 함께 한국 민주주의의 성지가 되었다.

정통성이 불분명한 정부, 깨끗하지 못한 정부에 대한 항구적인 초병임을 자부하는 흥사단의 투명사회운동은 민족의 전도를 보다 양양하게 할 것이며, 미국의 초대 대통령을 기리기 위한 기념비 주변을 대한인의 손으로 깨끗하게 보존하고자 하는 조그마한 출발은 그래서 의미가 심장하다.

유난히 뾰쪽하게 만들어 놓아 연필 같다고 '연필탑'이라고도 불리고, 초기 한인 이민자들이 길을 잃었을 때 만남과 이정표가 되었다던 그 드높은 상징탑, 그 아래에 흩어진 쓰레기를 줍는 일은 탑의 높이만큼이나 성스럽고도 고귀하다. 뜻을 같이하는 분들과 그곳에서 만나기를 기대해 본다.

100주년의 그날까지 매주토요일 아침 7시에.

나는 누구냐, 너는 누구냐

누군가 느닷없이 묻는다면 황당할 수도 있고, 정신병자를 진단하는 말처럼 들리기도 하는 이 말은 '신토불이'라고 하는 유행가 가사 첫마디이다.

자신이 태어난 땅과 자신은 별개가 아니다. 자신의 근본이 무엇인가에 대한 것을 깊이 있게 생각해 본 사람일지라도 얼른 답하기가 곤란한 질문이기도 하다. 단지 생물학적인 물음의 단계를 넘어 역사와 인문사회과학에서 일컫는 나는 누구인가? 그리고 나는 무엇을 해야 하는가?라는 물음에 대한 해답을 필자는 '흥사단'에서 찾고자 했다.

나라의 훌륭한 일꾼의 양성과 우리민족의 융성을 추구하기 위해 100년 전에 미국에서 독립운동단체로 결성된 흥사단은 금세기에 들어 세 가지 운동을 전개하고 있다.

그 첫째가 민족 통일운동이다.

민족의 분단구조는 분단 자체로도 문제이지만 민족의 앞날에 수많은 구조적 문제를 양산할 것이기에 분단극복에 장애가 되고 분단을 장기화하려는 대내외 어떤 세력이나 정권에 대해서도 민족의 문제가 창립이념인 흥사단의 입장은 분명하고 단호해야 한다. 이것은 비단 흥사단만의 일도 아님은 자명하다.

분단을 야기 시켰던 당사자들은 벌써 이 세상 사람들이

아니다. 정권은 말 할 것도 없이 한 사람의 생명도 유한한데, 분단 70년이 다 되어 가도록 통일의 실마리를 못 풀고 있는데 대한 흥사단 내부의 자성이 통일운동을 그 첫째로 내세우고 있는 것이다. 흥사단은 통일운동을 하는 곳입니다.

둘째로, 투명사회운동이다.
통일운동이 우리민족을 아우르는 범민족운동이라고 한다면 투명사회운동은 우리 스스로는 물론이고, 기업, 정부 및 사회전반에 부조리와 부정부패가 없고, 원칙과 법이 지켜지는 정직한 사회를 위한 시민운동이다.

맑고 깨끗한 사회를 만들고자 하는 것이 요원할 것만 같이 느껴지는 시대다. 신자본주의의 위세에 민생이 피폐해지고 서민생활이 갈수록 각박해지고 있는 오늘날, 가진 자들과 지도해야할 위치에 있는 사람들이 수범을 보여도 사회적 통합이 될까 말까 하는데 흥사단 창립 100주년을 1년 앞에 두고 있는 2012년, 오늘의 한국사회가 투명한 사회라고 말할 수 있는 국민이 과연 몇이나 될까? 흥사단의 목소리가 비록 작을지라도 흐트러짐이 없는 반듯한 모습으로, 가던 길을 재촉해야할 사명이 흥사단에 있다. 흥사단에서는 시대적 소명을 느끼고 실천하는 곳입니다.

마지막으로 교육운동이다.
교육은 민족의 운명을 좌우하고, 국가의 흥망성쇠가 달려 있기에 새삼스레 강조할 필요도 없이 거의 모든 국민들이 갈망하고 진력을 다하는 분야다.

수많은 한국분들이 미국을 거쳐 가기도 했고, 오늘 이 시간에도 조국을 떠나와 모진 이민 생활을 하고 있다. 본인의 노력으로 입지와 부를 늘려서 경제적으로 윤택하기도 하고,

2세 자녀들이 미 주류사회에 입신양명하기도 한다.

흥사단에서 지향하는 교육은 주체와 정체가 분명한 건전 인격체를 양성하고 지원하는데 있다. 그것은 다름 아닌 상기한 민족통일과 투명사회를 이루기 위해 어디서 무슨 일을 하든지 그 정신을 잊지 않도록 교육하고, 또 이들을 가르칠 교육자를 양성하는 것이다.

근세 민족사에 나는 누구이고, 무엇을 해야 했던가를 가장 정확하게 알고 실천에 옮겼던 도산 안창호선생이 아시아인 최초로 2012년, '세계 민권 명예의 전당'에 헌액 되는 102명중의 한분이 되었다는 게 우연은 아니다.

제5부

워싱턴 생활

검사와 여선생

(닭공장 이민 사기사건 공판 참관기)

존경하는 재판장님, 지난 35년 동안 그 누구도 일하기를 꺼리는 험하고 힘든 닭 공장에 수천 명의 취업이민자를 받아들여서 미국 경제에 크게 이바지 하였고, 그런 일에 평생을 몸 바쳐 오다가 급기야는 어머님도 돌아가시고, 아버님도 병고에 시달리시며, 가진 재산도 없는 피고를 부디 선처하여 주시옵소서… 금발머리의 백인변호사는 무슨 변고인지 출석도 하지 않은 또래나이의 피고인(제니스 유-EBI이주공사 유창한의 딸)을 대신하여 악어의 눈물을 흘리듯 최후 변론을 마쳤다.

이번에는 젊고 잘생겼으며 유난히 눈동자가 빛나 보이는 젊은 검사가 공소 사실을 적시해 가면서 법의 준엄함 앞에 어떠한 죄도 용서될 수 없으니 죄에 상응하는 벌과 함께 다시는 똑같은 일이 반복되는 일이 없도록 해당가족 모두 이민관련업종에 종사할 수 없도록 해야 함이 온당하다고 했다.

양쪽편의 의견을 모두 듣고 난 인자하게 보이는 흑백혼혈 재판장은 양측이 사전에 조율된 듯한 형량과 결정에 대하여 상호 동의 여부를 묻고 난 뒤에 판결문을 읽고서 개정 30분 만에 그 한 많은 닭 공장 이민관련 공판이 그렇게 막을 내렸다.

미국이라는 나라에 도착한 시간들만 각기 달랐을 뿐, 이민자들과 이민 수속 대행자들은 같은 한국인이고 같은 민족이다. 친척, 친구 없이 미국 땅에 와 말하나 서로 잘 통하는 같은 민족이라는 이유 때문에 찾아가 터무니없는 이민 수속 비용을 냈으면 서비스는 고사하고 최소한의 책임과 도덕, 양심은 지켜야 할 것이다.

그렇게 무책임한 자세로 누구나 알만한 1,2,3번 한인대형 교회에 식구대로 여기저기 출석해서 헌금하고 주님께 영생을 맡기면 되는 것인가.

닭 공장은 당신들이 이민 오려고 돈 주고 선택한 일이니 2년이든 3년이든, 영주권이 나오든지 말든지 모르겠다. 회사 폐업신고 하고나서 회사에 남아있는 돈을 닭 공장 인원으로 계산해보니까 1,250불씩밖에 없으니 (원래 4만-5만 불씩 납입함) 이것을 되돌려 줄 테니 찾아가고 나면 어떠한 책임도 묻지 말라는 통지를 하고 당신들은 우리들 곁을 떠난 지가 2년여가 흘러갔다.

식구 중 한 사람은 시간당 7불씩 받고 닭 공장 부근에 합숙생활하면서 지내고, 나머지식구들은 또 다른 제비둥지에서 닭 공장과 이민국만을 목 빼고 기다리길 수삼 년…

정말 보고 싶었습니다, 당신들의 눈을 보고 싶었습니다. 당신들이 이주공사를 폐업한 뒤로 없는 돈에 이리저리 끈 떨어진 연같이 버벅대며 그래도 미국에서 살아 보려고 바동대고 있습니다. 그리고 당신의 건강이 불편하다고 해서 걱정도 해봅니다. 우유를 받아 마시는 사람보다 배달해 주는 사람이 더 건강하다는 것을 증명이라도 하듯이 멀쩡한 두 다리로 생경하기만 한 미국의 법정에 우리는 이렇게 앉아 있습니다. 돈이 없다고 하면서 수임료도 몇 십 배나 더 주고 외모와 언변을 갖춘 변호사에게 당신들의 양심까지 그렇게 맡기고 얼굴도 보여주지 못하나요?

우리는 억장이 무너지고 있었지만 당신들 탓을 하지도, 당신들의 잘못을 지적하지도, 더군다나 당신들을 고소하지도 않았습니다. 오히려 당신들의 죄가 벗겨지기를 바랬고, 죄가 있었다면 경감되기를 진심으로 기대하면서 휑한 방청석을 지키고 있었습니다. 검사의 구형보다는 경감된 선고를 보고 다소 안심을 가져봅니다. 당신들이 살아야 우리도 살 수 있다는 연대감 때문이자 당신들은 우리들의 미국생활의 얽혀진 실타래이기 때문이기도 하지요.

만나고 싶었습니다. 무슨 말을 할까 궁금하기도 했구요. 그러나 끝내 아무도 볼 수가 없었습니다. 차라리 이제부터라도 영주권 수속이 진행된다는 기대감에 다소 진정되는 한편으로 멀쩡하게 영주권 받고 미국생활 하고 있다가 느닷없이 추방될 다섯 가족의 인생과 미래를 어떻게 해야 할까요? 가슴이 먹먹해 옵니다.

모든 재판절차가 끝나자 판사가 퇴정하고 검사일행이 방청석을 지나갈 때 맨 앞에 선 젊은 검사가 잠시 발걸음을 멈춘 뒤 남루한 우리 쪽으로 와서 형언키 힘든 표정을 하면서 미안합니다 라고 한국말로 인사를 건넸다. "앞으로 도울 일이 있으면 도와드리겠습니다." 하는 것이었다. 재판관만 빼고 검사와, 사기피의자, 피해자, 모두가 한국사람이었던 것이다. 한인사회와 함께 성장했을 미연방검사인 젊은 최검사와 이 사건을 담당했던 재판관은 어떤 생각을 하고 있을까 ?

열쇠꾸러미

초봄에 논보리 잎이 소곳소곳 풀냄새 풍기며 올라오고, 그보다 더 많은 독새풀이 논고랑을 넘어 논두렁을 휘감고, 키 작은 자운영이 다소곳하고도 수줍은 듯 납작하게 꽃불을 내밀 때가 되면 연록이 지천에서 바다를 이룬다.

못자리를 위해 비워 놓은 논에는 벙벙하게 물이 괴어있고, 그 안에 흐물거리던 개구리 알에서 이제 막 깨어난 올챙이들이 그 작은 꼬리로 그 큰 몸통을 떠받치고 헤엄을 잘도 친다. 눈을 들어 허리를 펴면 거짓말 같이 사방이 아지랑이요.

문득 종달이 소리가 드높다. 삘기가 여물면 주머니에 한주먹 소금을 넣고 집을 나선다.

쇠똥이 많은 곳에 통통한 삘기가 유난히 많다. 뽀드득 소리 나게 삘기를 뽑아 발겨서 새하얀 여린 삘기살을 입가가 검붉어 질 때까지 집어넣지만 항상 허심허심하다.

다 자란 논 보리밭이 누릇누릇해져 가면 그 사이를 이리 뛰고 저리 뛰는 개구리사냥이 시작되고 잡힌 개구리를 힘껏 땅바닥에 내쳐서 두 다리 쭉 뻗어버린 모습에 죄책감도 없다. 성악설이 맞는 것 같기도 하다. 하물며 개구리의 상체를 한쪽발로 밟고 다리만 그대로 뽑아서 껍질을 벗겨내고, 아킬레스 건을 뚫어 철사 줄에 꿰뚫어 매는 게 순식간이다.

한 마리 두 마리 우리 동네 명포수가 장끼 잡아서 허리춤에 메어달듯이 치렁치렁, 어깨는 으쓱, 같은 또래였지만 덩치가 더 큰 옆집의 이성재는 항상 나보다 곱절이나 많다.

어디서 구했는지 꼬깃꼬깃 성냥갑과 성냥개비 세알, 어찌

해서 겨우 불을 붙이고 나서 한쪽에선 조막손들로 바람 막고 한 쪽에서 입파람 불고 마른 풀이래야 연기가 안 난다지만 어른들이 몰랐을까,

지천에 보리인데 산불로 번지지 않을 논 가운데니 봐주었겠지.

겨우 열 살짜리들 고만고만, 한사코 작은 키를 더 수그리라고 하면서 덜 익은 보리꽁뎅이 불에 꼬실라 두 손으로 비벼서 훌훌 불면 껌뎅이인지 보리인지 모를 말랑한 몇 알 정신없이 입속에 털어 넣다보니 손바닥 닿는 곳곳마다 온통 숯검뎅이라.

서로 쳐다보면서 허연 토끼이빨 드러내고 킥킥거린다. 문득 잡은 개구리다리 세 개씩 구워먹잔다. 제일 작은 걸로 세 개씩을 불속에 집어던지고 나서 부지깽이로 뒤적이다가 오그라들고 비틀어진 개구리다리 하나씩 입에 무니 쫄깃쫄깃, 까마득히 잊고 있던 닭고기가 이런 맛이던가,

왕소금 덩어리 하나물고 입맛 다시는 가운데 문둥이 살찐다는 봄날은 그렇게 가고 있었다.

2002년 12월 4일 씨애틀의 씨택공항에 내렸다.

한 시간이 지나고 두 시간이 지나도 나온다는 사람은 보이지 않았다. 얼굴도 모르니 왔다가 갔는지도 모르지, 겨울인데다 부슬비까지 내린다.

1.4후퇴당시 바람찬 흥남부두가 이랬었을까. 동그랗게 나만 쳐다보는 식구들 앞에서 손짓 발짓 다해가며 어렵게 공중전화를 돌리니, 한국사람 목소리다. 이제 되었구나.

30분쯤 지나서 나타난 사람, 들리는 말로는 비즈니스가 4

개인 성공한(?) 재미동포 사업가다.

짐을 옮겨 싣고 나서 식구들이 모두 타고난 뒤에 그 박사장이 차에 시동을 걸기위해 열쇠를 미니밴 키박스에 끼우는 순간 그 열쇠뭉치에 달려있는 열쇠 숫자가 어림잡아 스무개는 족히 넘어 보였다. 우습기도 했지만 초면에 물어 볼 수가 없었다.

요즈음 한국엔 아파트도 열쇠가 없어졌다고 하는데, 아파트 열쇠와 차 열쇠 달랑 두 개 갖고 살아오다가 모든 게 다르다고는 하지만 별일도 다 있구나,

하기야 일찍이 고등학교 졸업하고 사업에 뛰어든 몇몇 친구들에게서 비슷한 걸 보기는 했지만 저렇게 가을 철 메뚜기 아가미 꿰듯, 아니면 봄날 개구리 뒷다리 꿰어 걸 듯 열쇠꾸러미를 지니고 살다니!

어떤 열쇠꾸러미

9년이 지나면서 늘어난 열쇠숫자가 열개가 넘는다. 언제

든지 아무 차나 운전해야하니 4개요. 흩어져 있는 가게열쇠 3개에다, 각각 가게안의 오피스 열쇠, 금고열쇠, 창고열쇠… 9년 전의 기억이 새롭다.

'의인막용(疑人莫用)하고 용인막의(用人莫疑)니라.' 명심보감 성심편(省心篇)에 나와 있는 말씀이다. 말인즉 '사람을 의심하려거든 쓰지를 말고, 사람을 썼으면 의심을 말라.'

이제 다시 열쇠를 두개로 줄였다. 폼 나게 한국에서처럼 멋진 재킷차림은 아니지만 주머니가 한결 가볍다. 종업원을 존중하고 믿으니 그들의 얼굴이 해맑다.

나의 딸, 아들 같은 또래의 피부색 다른 또 다른 아들딸들이다. 올 여름, 스물한 살 미노의 아내가 6개월 된 딸을 데리고 과테말라에서 오게 되면 아홉 가족이 뒤뜰에서 파티라도 할 요량이다.

경우를 갖추고 산다는 것

아버지, 10여 년 전에 소설 '아버지'가 출간되어 읽었다. 사회와 직장, 가정에서 가장 중요한 존재이면서도 등에 지워진 삶의 무게로 항상 외로움을 숙명으로 살아가는 이 시대의 아버지, 사람 냄새나는 소설을 쓰고자 했다던 작가 김정현의 소설은 가족들에게 커다란 반향을 주고, 지금도 가슴언저리를 메우고 있다.

직장과 일, 술과 그리고 가끔의 스치는 듯한 여자, 언제나 마음 바닥이 온통 가족들로 가득하지만 바라보는, 보여지는 그들의 모습은 실체가 아무것도 없다.

술에 절어 늦게 돌아오는 모습일 뿐, 표현되지 못한 가족 사랑이 위선으로 치부당하는 아버지들, 그 마음의 아픔이 불치의 병으로 나타나지만 가족들은 끝내 차갑게 외면한다.

그가 그렇게 보였듯이 아주 형식적이고 위선적으로 간병을 한다.

그가 말한 아버지는 나이고 나의 아버지이고, 이 시대의 아버지들이다. 가끔은 좋은 아버지들을 미국에 와서 본다.

내면이 어떨지는 술자리를 해보지 않아 모르겠다. 달리 생각해 보면 미국에 사는 한국 아버지들은 오히려 오도가도 못하는 쪽박들일 거라는 생각이 더 들 때도 있었다.

내가 미국에 오기 두해 전 아버지께서 심한 복통으로 인해 지방병원에서 대장수술을 해놓고 보니 대장암이었다는 소식에 급히 조카가 내과의로 있는 삼성병원으로 옮겨 항암치료를 받은 지가 올해로 10년이 넘었다.

그때가 60후반이셨다. 그 후 장남인 나는 아프신 아버님을 뒤로하고 아무도 모르는 미국으로 도망하듯 왔다.

겨우 변호사 전화번호하나 들고서… 떠나 온 지 1년이 지나니 엎친 데 덮친 격으로 간병을 하시던 어머님이 당뇨합병증 때문에 뇌졸중으로 쓰러져 간신히 의식정도만 건진 상태로 병원에 입원하셨단다.

오갈 수도 없는 형편에 타들어가는 사모곡이 사무치기만 하다.

간병이 여의치 않아서 효자병원에 장기요양에 들어간 뒤로 돌아가실 때까지 당신 몸도 편치 않으신 분이 3년여를 하루같이 12km가 넘는 해남읍내까지 하루를 거르지 않고 어머니 간병을 하시니 들리는 소식만으로도 가슴이 아려 온다.

평소에 다감하지 못하셨던 당신들이 운명처럼 다가온 시련에 놀라울 정도의 사랑과 애정을 보여 주셔서 자식들마저 놀란다.

몸도 못 움직이고, 더 이상 회생기미가 없는 어머님을 마지막 문병코자 한국에 나가서 어머니의 마지막 모습을 보면서 어머니! 하고 부르자 눈을 깜박이시더니 자식 목소리를 알아 보셨던지 감은 눈에서 눈물이 주르륵 흘렀다.

아, 나도 언젠가는 이럴 때가 있겠지 잠시 엉뚱한 생각을 해 봤다. 미국으로 돌아 온 뒤 1년을 더 사시다가 어머님이 돌아가셨다. 부랴부랴 혼자 건너가 장례를 치루고 나서 혼자 남으실 아버님을 모시고 같이 미국에 왔다. 오히려 건강은 좋아 보였고, 여기 저기 미국여행을 하시지만 같이 오지 못한 어머님 생각이 나시면 한동안 말씀이 없으셨다.

한 달이 지나니 갑자기 가시겠다고 하셔서 한 달 반 만에 한국으로 돌아가셔 혼자 시골에서 어머니 산소 가꾸시면서 계신다.

광주에 사는 동생이 바쁜 틈틈이 매주 청소와 빨래를 해드리고 찬거리를 전해주니 다른 형제들이 그나마 마음을 놓았다. 항상 고마운 마음뿐이다.

얼마쯤 지나서 마음을 놓았던지, 친구들과 술과 담배를 하시고, 벌써 77세가 되셨는데 암이 재발을 해 재수술을 하고 항암치료를 다시 하셨다. 그런지도 2년이 흘렀다.

걱정이 더 되어 자주 전화를 드리게 된다. 작년 어머님 기일에 전화를 드리니 목소리가 불편 하신 듯하다.

직감적으로 동생네가 어머님 제사 때문에 말썽이 난듯했

다.

조용조용 지내려고 애를 써 봐도, 제 딴엔 체면과 경우를 차리려고 드니 항상 말썽이 되는 것이다. 대접은 받고 싶고 궂은 일은 하기 싫고…

장남이 미국에 있으니 걔네들이 어머님 제사를 모시겠다고 해 돌아가시고 나니 뭔가 달라졌나, 아니면 제정신이 돌아 왔나?

참으로 기특하구나! 생각 했는데 아니나 다를까, 딱 두 번 지내더니…

경우를 따져들기 전에 내 자신부터 한 번 더 뒤 돌아 본다. 그럴 수도 있겠다. 생각하니 다시 편안해 진다.

그래서 돌아가신 어머님 살아생전 못 오신 미국 큰아들 집을 제사로 모시게 되니 마음이 착잡하면서도 한결 편하다.

아내와 함께 아버님 모시고 한국마트에서 한국음식재료로 제사 준비를 하고 다니니 마음이 흡족해 하신다.

마침 오늘이 미국의 매모리얼데이, 현충일인 셈이니 어머님 기일과 공교롭다. 기억이 너무나 총총하신, 그래서 자식들 눈치나 살피는 건 아니신지…

아무리 교육이 하늘을 찌르고 아는 게 많고 돈이 많다한들 생명에서 생명으로 이어지는 천륜을 다하기는 그만큼 녹록치가 않다.

그런 일에 요란 떨 필요는 더더욱 없다. 불편함이 손톱만큼이라도 있으면 말씀하시라 하였건만 그게 본인만이 아실 일이니…

그저 아내와 하던 대로, 살던 대로의 그대로 모심에 마음

어머니 제사상(2011년)

을 다하고자 하지만 '경우'가 될는지 모르겠다. 부모님 뫼시기 싫어서 이 머나먼 곳 까지 도망해 온 것은 정녕 아닌데…

과테말라에서 히터를 팔 수 있겠나?

위 가운을 벗을 때까지는 좀 머뭇거리는가 싶더니 이내 다시 주워 입어 버린다.

브랜든은 매니져라는 직책 때문에 그런지, '주인 말이면 무조건 옳더라'고 평소에 인식을 해서 그랬던지 스스럼없이 벗고서 의연하게 따라 움직였다.

서너 명의 다른 손님들이 이미 들어와 있는 찜질방 탕 내부로 들어가서 수건과 면도, 녹색 이태리 타올을 구석에 놓아두고 입식샤워를 한 다음에 온탕에 들어가 앉으니 온 몸의 피로가 풀린다. 오늘따라 15년 만에 워싱턴지역에 첫눈이 내렸다더니 눈 내리는 폐차장을 이리저리 해매며 쓸 만한 부품을 모아 밴에 싣고 돌아 왔다.

양쪽 가게에서 평소보다 조금 더 매상을 올리고 있었다. 탕에서 뜨거운 물에 녹인 몸이 나른해 온다.

토요일은 모두가 해피데이다. 원래 토요일에 주급을 주는 걸 꺼려하는 주변 분들의 생각이 맞다고 늘 후회하면서도 그들의 정서와 문화를 살려준다는 거창한 명분(?) 때문에 그 일을 지금껏 지속하고 있다. 지금은 많이 달라지긴 했지만 같이 일하는 다섯 명 중에서 두 명을 제외하고 나머지 세 명은 토요일에 쥐어 준 주급이 월요일에는 한 푼도 없다.

"밥은 어떻게 사먹을래?" "팁 나오면 사먹고 없으면 말고" "헉"

1년 전 과테말라에 처자식 두고 건너 온 마이너는 1년 만에 자동차 구입해 운전하고 매월 집으로 일정금액을 송금하고도 수중에 꽤 많은 돈이 모여 있어서 주택구입하면 가족들 초청하겠다는 꿈에 부풀어 있는데, 같이 일한 지가 2년이 넘는 세 명은 돈 가지고 있으면 호랑이가 물어 갈까봐 다음 토요일에 나올 주급까지 미리 못 당겨써서 안달이다. 그러니 차도 없고, 휴대폰도 있다가 없고 요즈음 같은 시기에 결근하면 어찌되는지는 안 가르쳐 줘도 아는지 출근은 잘 하는데 '어떻게 해야 이 생활이 나아질 수 있을까?'에 대한 숙고가 없다.

'알래스카에 가서 에어컨을 팔아라' '과테말라에서 히터를 팔 수 있겠나?'

의식개혁교육을 하기로 작정했다. 경제가 어렵다고 모든 비즈니스가 어렵다면 비즈니스가 아니다. 송어가 폭포수를 거슬러 올라가는 지혜는 없더라도 네가 처한 현실과 위치에서 할 수 있는 뭔가가 분명히 있을 것이다.

'찾아라, 보다 혁신적인 생각과 행동을!' 솔선수범을 보이는 것은 당연히 내 몫이다. 매니저도 물론이고, 공급이 마땅치 않은 중고 타이어 수집을 위해 4개월 전부터 폐차장 여러 곳을 돌아다닌다.

힘은 훨씬 많이 들지만 보물창고가 거기에 있었다. 대도시 주변은 벌써 경쟁자들과 가격 때문에 그것도 쉽지가 않다

70마일, 어느 곳은 100마일이 넘는 곳에 있다. 그들도 오너인 내가 직접 다니니 더 친절하고 좋은 딜을 할 수가 있다.

가게의 제품력이 보다 다양해졌다. 경쟁력이 올라간다는 것이다. 새 타이어와 중고타이어로 양분 되던 게 '새것 같은 중고타이어'가 생겨났다.

대도시 볼티모어 인근이라고는 하지만 첫 가게를 오픈한지 2년 반, 두 번째 가게를 8개월 전에 오픈했다. 그 사이에 8개의 동업종이 오픈을 해서 총 12개가 경쟁을 하게 된 것이다. 신규 8개 모두가 한국분(?)이시다.

'경쟁이 시장을 확대할 수 있다'는 경제원론에나 있을 법한 이야기는 이제 낭만으로 흘려버릴 일도 아닌듯하다.

그러나 누구냐, 내가! 매출이 좋아질 가능성이 조심스레 점쳐지고 있다. 맨 파워, 나의 종업원을 믿기로 했다.

간이 퇴직금제와 세일즈 인센티브제를 시행하는 것과 병행해서 지속적인 교육을 하기로 하고 2주간이 지났는데 '다르다.' 달라졌다.

그 서툰 영어가 제대로 전달되었을까, 말이 피부로 스몄을까. 고객과 당당하게 거래하고 확신에 차서 대쉬를 하는 것이다.

'토요일에 일 끝나고 우리 아주 특별한 곳에 가보자' 1불짜리 몽땅 바꿔서 스트립댄서 앞에 몇 번 앉혀 놔 봐도 이제 식상한 듯하다.

'우리 모두 같이 발가벗고 목욕하자' 'What! you're crazy!' 음식도 먹고 사우나도 하고 마사지도 경험할 수 있다. 얘들도 '스파'는 가정에 '자꾸지'가 있어서 알고 있지만 남자끼리는 부자지간에도 옷을 입고한다.

의붓아버지와 의붓아들, 친 형제간에도 포르노를 같이 보고 여자 친구와의 잠자리 얘기를 스스럼없이 하는 이들이지만 오래 베인 습관과 문화가 순간 이들을 당황하게 만들었나 보다. 탕으로 당연히 들어 올 거라고 생각했더니 나머지 네 명이 찜질방 옷은 갈아입었는데 탕 안에 있는 나와 매니저를 보면서 손가락질만 할 뿐 들어 올 생각을 않는다.

하는 수 없이 다시 가운을 입고 여섯 개의 찜질방을 그들과 빙 돌고 나서 10분에 3불씩 하는 전기 안마기에 앉혀 놨더니 킥킥거리며 시간 가는 줄을 모른다.

형형색색의 팥빙수가 각자의 앞에 놓이니 샤워 전에 돌솥

비빔밥은 맵고 뜨거웠는데 시원하고 달아서 단숨에 비워버린다. 다음 주에 가족들과 오겠다는 브랜든은 '팥빙수' '팥빙수' 하면서 안 잊어버리려고 애를 쓴다.

땀을 좀 흘렸으니 다시 탕에 들어가야 했고, 매니져가 설명을 잘(?)해 주어서 다시 들어가 이태리(?)타올로 한 명씩 번갈아가면서 등을 문질러 주니 나이스! 나이스! 연발한다.

다음날 나를 보더니 '새끼손가락'을 아래로 쳐들면서 더 반갑게 인사한다. 그게 무슨 의미인줄은 금방 알아차렸다.

'크기가 중요한 게 아니다. 짜샤'

어떤 생일파티

현관문을 열고 들어서니 그런대로 깨끗이 정돈되어 있다. 일부러 2층에 있는 레옹의 방과 그의 쌍둥이 누나 방을 둘러보아도 평범하다.

다시 아래층 다이닝 룸에 있는 두 개의 소파에 앉으니 룸 사이즈에 비해 터무니없이 커다란 TV를 켜준다. 내가 시끄러운 것을 싫어하니까 조용한 뮤직TV를 틀어주었는데 시끄럽기는 마찬가지다. 비키니나 야한 바지 입고 몸을 비틀며 뭐라 지껄이고 손가락질을 해대고 하는 뮤직비디오다. 조금도 조용하다는 것을 느낄 수 없다.

특별하게 역겹지는 않아서 다행이었다. 한사코 신발을 벗으려는 나와 괜찮다는 두 남매 사이에 약간의 실랑이를 빼면 아늑함까지 느낄 수 있어서 다행이다.

미국에 와 2년여 동안 소파 배달하는 직업을 가져봐서 어마어마한 저택들 안방을 둘러 본 경험이 있다. 그래서 그 내부 생활상은 모를지라도 가정 내부의 하드웨어는 어느 정도 알고 있다. 인종간의 교류라는 게 흔하지 않다보니, 레옹이 1주일 전부터 생일 돌아온다고 손님들에게까지 하도 떠벌리고, 생일파티 한다고 초대해 어떤 일이 벌어질지 신혼 첫날밤 신부를 기다리는 신랑마음처럼 자못 궁금하기만 하다.

매니저 브랜든이 미적거리고 오겠다는 답을 안 해줘서 내심으로 좀 걸린다. 온종일 추운 날씨와 기름때 때문에 회사에서 직접 파티장으로 직행하는 게 어렵다. 각자 자기 집으로 흩어졌다 다시 모이기 때문에 집을 찾느라 전화하고 데리러 나가느라 부산스럽다.

가만히 있기도 뭐하고 어정거리니 그의 시스터가 내가 사온 맥주 2박스 중에서 한 병을 따서 건네준다. 추운 날씨에 떨다가 빈속에 맥주 한 병을 마셨더니 슬그머니 졸음이 몰려온다. 이윽고 에디와 그의 여자친구 켈리가 도착하는가 싶더니 캘리만 남겨 놓고 둘이서 죠바니와 마이너를 마중나간다고 사라져 버렸다.

20분이 지나고 30분이 지나가도 기척이 없다. 두 젊은 여자와 셋이서 우두커니 앉아 있자니 영 이상하다. 몇 마디하고는 물끄러미 TV만 쳐다보다가 밋밋해서 아이폰으로 사진이나 찍자하니 선뜻 응한다.

그러고도 한참이나 지나서야 네 명이 우르르 들어온다. 마이너와 죠바니는 6촌간이다. 그래서 같은 집에 사는데 마이너는 과테말라에 와이프와 딸이 있다. 좀처럼 한눈파는 일이 없다. 스패니쉬 치고는 보기 드물게 건실하다. 죠바니는 과테말라에서 건너온 지가 8년이 넘어가는데 주로 조경업체에서 일을 했지만 불황으로 일자리가 없어 허둥대다가 가장 늦게 합류했다.

원래 두 친구는 품새가 낫다. 파티 한다고 깔끔하게 차려입고 보니 그럴싸해 보인다. 그들이 모두 들어오고 나서 하이파이브를 하고, 둘러앉았다.

병맥주 하나씩이 각자에게 들려지고 병목끼리 부딪치는 것으로 인사하고 나서 뭔가 있어야 할 듯 한데 호스트인 레온이 더 이상의 행동이 없다.

그래도 초대받은 입장이어서 그냥 맥주 한모금마시고 TV 한 번 쳐다보고, 10분이 지났다. 마냥 참을 수 없는 가벼움이 발동 걸리려 한다.

그래도 참자. 배가 고파왔다. 점심 먹고 난 뒤 정크야드에 3시간 동안 이리 뛰고 저리 뛰었으니, 허기도 진데다가 저녁 8시가 지났으니…

그래도 생일이라고 1주일 전부터 초대한다고 해서 와이프는 어떻게 하는지 되게 궁금해 했다. 시간만 허락 된다면 같이 나섰을 수도 있었다.

끝내 내가 물었다. "뭐가 없냐?" 다들 나를 쳐다본다.

"생일 케익 같은 거나 다른 음식은 없냐?"

"No, That's it all"

"what?"

무슨 파티가 이러냐! 순간 트릭인줄 알고 다시 물었다. 그런데 없다. 음식도 케익도… 어떤 축하할 건더기도 없다. 다만 레옹이 사온 12병 맥주 한 박스와 칩봉지 하나, 그리고 내가 사 온 두 박스 맥주뿐, 냉장고를 열어보니 아무것도 없다. 하다못해 케첩 병 하나도 없다.

음식 주문을 해 놓은 줄 알았더니 그것도 아니다. 배고프냐고 레옹이 내게 묻는다. 그냥 웃었다.

피자한판 주문하라고 시켜 놓고, 스패니쉬인 죠바니에게 물었다. 너흰 이렇게 생일파티 하느냐? 고개를 흔든다.

아메리칸인 에디에게 물으니 이해할 수 있다는 듯이 그저 웃는다. 피자가 도착해 둘러서서 생일축가 불러주고 나니 레옹이 마냥 행복해 한다.

허겁지겁 피자 한 조각씩 먹는 모습을 보고 머릿속이 뻥 뚫린 느낌을 받았다.

나이가 24세면 적은 나이가 아니다. 방에는 컴퓨터도 있고 아이폰도 갖고 다닌다. 천성이 착해서 누굴 속이거나 거짓말을 할 줄 몰라 믿음이 가는 친구다.

결손 가정이어서 아버지가 누군 줄 모르는 것 같다. 엄마하고도 오래전에 결별한 채로 어린 시절을 보내 보고 들은 게 없어서 일까.

이런 류의 젊은이들이 오늘날 미국사회에 얼마나 될까. 이들의 미래를 어떻게 해야 하나, 별 생각이 다 든다.

적지 않은 주급을 받았음에도 항상 주머니가 비어 있을 수밖에 없는 이유를 짐작할 수도 있을 것 같다.

주급 줄때마다 아껴 쓰고 모으라는 나의 어드바이스가 얼마나 귀찮게 들렸을까 생각하니 허망하다.

오직 맥주만 마시고 노닥거리다 해어졌을 그들을 뒤에 두고, 피자 한조각 물고 나서자 겨울 밤공기가 씁쓸하다.

"이거, 뭐가 이러냐?"

어, 또 애를 가지면 어떡하니!

축복받아야 할 새 생명이 태어나기도 전에 남들로부터 조롱과 멸시를 받으면 뱃속에 있더라도 그게 온전할까,

남자들은 잘 모른다.

그러면서도 지배본능과 왕성한 번식 욕에 이끌려 '애 하나 더 갖자'는 말을 무심코 한다.

여자들이 상대 남자의 애를 가짐으로서 위치를 더욱 굳히고자 하는 경우도 있으니 부모의 능력과 후손의 숫자가 비례한다면 동물의 왕국이 바로 인간사회다.

"엄마 나 어떻게 태어났어?" "다리 밑에서 주워왔다."

"정말! 나 그럼 거지 아니야?" 사실 두 다리 사이에서 나왔으니 말인즉 맞는 말인데 그런 해학이 있는 줄은 성인이 되고 나서야 저절로 알게 되었다.

스페니쉬 어린이들이 엄마에게 똑같은 질문을 하면 '숲에서 데려왔다'고 한다니 같은 맥락임을 금방 알 수 있다.

요즈음 저 출산 문제가 가져 올 심각한 후유증을 누군들 모를까. 인간의 수명이 길어지고, 아직도 인구문제로 몸살을 앓고 있는 나라들과는 달리 서유럽지역은 심각한 저 출산 문제로 미래 추진동력이 없어져서 국가적 위기를 겪고 있다.

그 위기를 한국이 고스란히 떠안게 될 상황이다. 2010년 현재 출산율이 1.08명이라니 OECD국가 중 단연 1위이고 출산 저하 율이 가장 가파르다.

어느 누구도 가임기 여성에게 애 더 낳으라고 할 수가 없

다.

친정부모, 시어머니, 남편, 국가 다 마찬가지다. 부모는 태어날 자식의 미래까지를 염려해서 출산을 결정한다. 미국에 와서 스몰비지니스를 하다 보니 하나 더 있었으면 하는 아쉬움이 아직 남아있지만 와이프는 키울 자신 있으면 낳아서 키우란다.

미국에 살면서 인종편견에 대한 말이나 행동을 법에서 어떻게 구체적으로 제한하고 있는지 자세히 모른다. 글을 쓸 때도 매우 조심스럽다.

특정 인종을 비하 하거나 차별할 목적으로 호칭 등을 하지 말라고 들어 왔고, 그런 경우를 당하면 곧 바로 항의할 수 있다고 들어왔기 때문에 마음속으로 담고만 살고 있다. 술 먹고 난 아침에 속이 니글니글거린다고 친구들과 노닥거렸더니 옆에 있는 흑인이 노려보더라는 얘기를 들은 적이 있다.

온 종일 그들과 같이 생활하지만 모르는 일면도 많다. 결혼 전 연애시절과 결혼 후 한 침대를 쓰게 되면서 느끼는 그런 차이랄까.

타이어가게에 스패니쉬와 혼혈들이 같이 있는데 하는 얘기의 절반이상이 섹스와 관련된 얘기들이다. 기분이 다운되어 있다가도 그들이 흔히 쓰는 섹스 은어 한마디만 하면 금방 웃는다. 여자친구 몇이냐가 그들이 언제나 내게 묻는 공통질문이다.

3년 전 레스토랑에 고2 흑인 여학생 브리트니가 파트타임으로 들어왔다.

흑진주라 할 만큼 피부도 고왔고 몸매와 태도, 센스도 있어서 흑인 손님들에게 인기가 좋았다. 시간 있을 때마다 오프라 윈프리에 관한 것, 또한 그녀의 장래를 이야기했다.

고3이 되자 엄마와 사우스 캐롤라이나로 이사했다. 잘 사는가 하고 3개월이 지나서 전화해보니 임신을 했단다. '오 마이 갓'

레스토랑 퀴즈노에서

8개월 전 이제 고3인 흑인 여학생 디오나가 레스토랑에서 일을 하는데, 흑인 여성을 쓰는 이유가 있구나 할 정도로 수영으로 다져진 브론즈상 같은 이미지와 함께 인텔리한 면까지 갖추었으니 손님들이 가게에 머무는 시간이 자꾸 길어지고 직감적으로 문제가 발생 하겠구나 생각했는데 이제 더 이상 감출 수 없을 정도로 배가 불룩하다. 페이체크(주급) 수령한 지 두 달 지나서 일이 발생했던 것이다. 나이가 들면 독립하는 게 너무나 당연하고, 경제적 독립의 코스가 인턴과

정인데 '어쩌면 좋니, 미스 디오나!'

유정천리

떠나봐야 천리 길, 그 천리 길이 멀고 아득하게만 느껴진다.

가련다 떠나련다 어린아들 손을 잡고~ 감자심고 수수 심는 두메산골 내 고향에~ 어딘지 모를 유랑 길에 어린 아이를 아장거리고 떠나는 젊은 엄마는 무슨 곡절이 있었을까?

앞길이 구만리 같았을 그녀의 길을 '유정천리'라고 했다. 모택동이 홍군 5천을 이끌고 장강협곡을 굶어가면서 2만 5천리 고난의 행군을 했다던데, 특수부대시절 천리 행군도 유사한 의미의 길고도 험난한 여정이었다.

착하디착한 나의 파트너 레옹, 멕시코에서 온 그는 큰 키에 다부지고 영어가 완전하다.

영화 레옹에서 주인공은 냉혈이 뚝뚝 떨어질듯 무표정에 섬뜩한 살인을 저지르다가도 짊시 소녀에 대해서만은 형언키 힘들만큼 인간으로써 애정을 갖고 있다. 삶의 목적으로까지 집착하는 면을 보이지만 나의 종업원이자 파트너 레옹은 이름만 같지 전혀 다르다.

세컨 스토어 메인(부 메네저)인 탓에 오피스 안에서 이야기 할 기회가 잦다.

타이어 파는 개수에 관심을 보이자 이익이 남든지 말든지 싸게 많이만 팔고나서 오늘 25개 팔았다고 허옇게 웃는다.

뒤늦게 들어 온 머리 좋은 친구가 분명히 뭐라고 놀리는데도 오히려 그를 감싸고돈다. 보고라인이 제대로 설 리가 없다.

창조적인 일은 못하지만 하라는 일과 한번 해봤던 일은 곧잘 한다. 가게를 비울 일이 있을 때도 레옹이 있으면 안심이 된다.

주급이 $550이니 많은 편은 아니지만 팁이 하루 10불 이상 되어 혼자 몸으로 크게 부족할 것 같지 않다.

어느 날 출근시간을 8시에서 7시 30분으로 당겼는데 레옹만 8시에 나왔다. 그 다음날도, 삼일 째 되는 날도 여전하다. 안으로 불러 들였다.

차가 없어서 제시간에 못 나온단다. "왜 차가 없느냐?" 돈이 없단다. "왜 돈이 없냐, 네 돈 어디에 있냐?" 왜 그런 걸 묻느냐고 한다.

틀린 말이 하나도 없다. 순간 머리가 따뜻해져 온다. 요즈음에 제발 채용해 달라는 친구들이 하루에 2~3명씩 지나간다.

태연하다. 지난 2년 동안 한 번도 해고당한 걸 본적이 없어서 이러는가.

그러면서 걱정하지 말란다. 2주후면 제시간에 올 수가 있다고…

다른 친구에게 가만히 물었다.

"요즈음 레옹에게 무슨 일이 있는 게 틀림없지?"

결혼할 여자가 있단다.

"What?"

"Who with?"

변호사 사무실에 근무하는 여자로 변호사인지는 잘 모르겠지만 집도 있단다.

차도 럭써리카를 타고 다닌다고 한다. 아, 그래서 며칠 전에 휴가 다녀오겠다고 했었구나.

레옹을 불렀다.

결혼하겠단다. "그녀에 대해서 잘 아느냐?" "Sure" 대답 한 번 시원하다.

딸린 애들이 셋이 있는데 9살,5살,2살 이란다. "괜찮겠냐?" "No problem"

애들 아빠가 제 각각이다. 첫째아빠는 총기사고, 둘째는 모르고 셋째는 엊그제 일 끝나고 결투를 해서 끝장을 봤단다.

지난주에 휴가에서 돌아왔다. 애들 맡겨 놓고 둘이서만 4박5일 동안, 없던 기가 더욱 빠져서 돌아 왔다.

바깥이 요란해서 나가 봤더니 코피를 쏟아내고 있는 레옹의 옆에서 다른 두 녀석들이 낄낄거리고 있다.

하루에 몇 번 갔냐고 물으면 사실대로 말할 그지만 묻지 않았다

천리 길 같은 결혼을 말려야 되나. 말린다고 그렇게 할 그도 아니다.

조삼모사

시급제, 주급제, 월급제, 연봉제.
같은 액수를 주는데 기간을 이렇게 나누어 놓은 이유들은 몇 가지의 장단점과 함께 그 필요가 있다고 해야 할 것이다.

전통적으로 호봉제에 의해서 월급을 받았을 때를 더듬어 보면 상당히 안정적이었는데 반해서 생산성을 끌어 올린다거나 역동적인 면에서 조직의 탄력이 연봉제에 비해 뒤떨어지고, 승급제도의 공평성이나 정실 부패의 문제가 숨어 있었다.

그래서 기업으로 하여금 매년 연봉제 평가시스템으로 바뀌게 하였고, 상시평가라는 압박요소가 작용토록 되어있는게 작금의 실정이다.

보상제도의 정착과 연구에는 많은 고려요소가 복합적으로 적용되게 마련이다.

생활의 유지와 활력, 동기부여, 노동의 신성함과 보람, 기업의 영속, 사회 경제적 기여 등, 어느 것 하나 소홀이 다룰 수 없기 때문에 그 일과 관련된 모든 이들과 그 가족들까지도 아주 민감한 문제가 아닐 수 없다.

미국에서 스몰 비즈니스하면 제일 먼저 떠오르는 것이 SBA(Small Business Administration)이다. 1953년에 설립된 그것은 우리말로하면 중소기업을 담당하는 중소기업청쯤 되겠는데 미국 경제에서 스몰 비즈니스가 차지하는 비중은 다음의 몇 가지 예에서 충분히 설명되고도 남을 것이다.

* 현재 미국에는 약 2,500만개의 스몰 비즈니스가 있고

한해에 90만개의 새로운 스몰 비즈니스가 창업되고 있다.

* 스몰 비즈니스는 신규 노동력의 67%에게 일거리를 제공한다.
* 민간부문 고용의 53%는 스몰 비즈니스가 차지한다.
* 새로운 제품의 55%는 스몰 비즈니스에서 나온다.
* 스몰 비즈니스가 연방 정부 계약의 35%를 차지한다.
* 총 수출의 96%를 스몰 비즈니스가 차지한다.

일자리로 본다면 지금 한국도 마찬가지 추세이지만 우선 노동 탄력성이 뛰어나서 고용과 해고가 수시로 이루어지던 게 2008년 경기 한파 이후로 저변의 노동시장이 급속도로 경색되고 있다는 걸 느낄 수 있다.

똥꼬팬티 입고 레게음악에 콜라 빨아대며 흐느적거리는 애들도 이제는 직장을 한 번 잃게 되면 어떤 상황이 온다는 걸 알아 차렸다.

몇 해 전만 해도 간단한 인터뷰를 할 때면 그들의 형들이 그랬듯이 어깨너머로 본 것만 있어도 이것저것 다 할 줄 알고, 5군데는 기본이고 10가지 직업을 전전하던 걸 자랑 삼아 떠벌리던 것도 벌써 향수가 되어가고 있다.

한 가지라도 제대로 할 줄 알고 크레딧(신용)을 얻어 가급적 눌러 있으려고 하는 게 눈에 확연히 보인다.

레스토랑은 프랜차이즈이기 때문에 오픈시간이 길고 인력의 시간배치가 비즈니스의 관건이기 때문에 시급제를 할 수 밖에 없고, 여유인력을 둘 수가 없어 주인 입장에서는 매출이 떨어지는 요즈음이 매우 힘든 시기다. 하루 이틀 교육해서 자리에 배치 할 수 가 없는 것이어서 빈 시간 메우랴. 애매한 적정인원에 주인이 달려들 수밖에 없게 되어 있다.

반면에 타이어 샾은 바쁠 땐 바쁘지만 손님이 없을 때는 두 시간도 그냥 쉬게 되고 어떤 때는 양쪽 두 가게의 다섯 종업원이 오전 내내 그냥 노는 경우도 있어서 주급제로 할 수 밖에 없다.

Jack's tire 에서

에드윈은 가게 오픈 한 지 6개월이 지나서 들어온 흑 ,히스패닉 혼혈이다. 매케닉에서 일 한 경험도 있어서 언어와 기술면에서 우리 가게에 가장 완벽한 조건을 갖추고 있다.

원래 주급을 월요일에 주는 게 낫다는 주위의 권유도 있었지만 주말 쉴 때 쓸려고 열심히 일했는데 정작 주말에 못 받는 심정을 고려해서 토요일 오후에 지급한다.

조건을 고려해서 다른 친구들보다 주급을 높이 책정했는데도 월요일 아침이 되면 음식 값이 없으니 가불 좀 해 달란다. 한 달이 가고 석 달이 지나도 월요일부터 허덕인다.

어느 날엔가 키 작은 그의 동생이 금발의 백인 여자를 데리고 나타났다.

이틀이 지나니 레옹의 여자 친구가 되어 있었다. 남자 셋에 여자 하나가 어울리기를 며칠, 이제는 에드윈의 여자친구란다.

그리고는 보이지 않았다. 들리는 소문에 버지니아로 갔단다. 그 아가씨와 함께 떠난 지 6개월이 흘렀을까, 전화가 왔다. 배고프니 직장을 달라는 전화다.

가불해 간 돈은 벌써 잊었나 보다. 나와의 통화가 면죄부라도 되는 양 그날부터 매니져 브랜든, 레옹에게 수시로 전화해서 복귀하고 싶다는 전화를 하는 모양이다.

'가는 사람 안 붙들고, 오는 사람 안 막는다'

비즈니스에 달통한 도사가 아니고는 하기 힘든 말이고 실천하기는 더욱 더 힘든 격언(?)이다.

그렇잖아도 과테말라 조안이 전혀 영어 한 자락을 모르니 나하고 단둘이 있으면 애절통할 일이 한 두 가지가 아니어서 건설업종의 형에게 갈려고 하는 마당인지라 그 유명한 에드윈을 다시 불렀다. 시꺼멓게 그을리고 얼마나 소다를 마셔댔던지 몸이 두 배나 불어서 돌아 왔다.

"다시 원위치에서 시작한다, 받아들이겠느냐?"

"다시는 가불 같은 것 없다."

자기보다 늦게 시작한 레옹은 메인이 되어 있고, 주급도 많고, 위상도 많이 달라져 있었지만 선택의 여지가 없다. 두 눈만 껌벅거린다.

미국 바캉스 철의 절정은 7월4일 독립기념일 전후부터다. 보통 6개월 이전 신입에게는 휴가가 없고, 홀리데이 페이 등에도 차별을 둔다.

레옹은 휴가 다녀와서 한껏 들떠서 떠벌리고 다니는데 코가 쏙 빠져있다.

삼장법사가 손오공에게 항상 주던 도토리 일곱 개를 아침에 세 개, 저녁에 네 개를 주겠다고 하니 답은 "싫어요" 였으나 아침에 네 개 저녁에 세 개를 주겠다고 하니 “땡큐 베리마치 스니~임” 했다는 고사가 떠오른다.

며칠 전 사뭇 심각해진 에드윈이 사무실로 들어왔다.

“헤이 잭, 휴가 가느냐, 들리는 말로 토요일부터 월요일까지 쉰다고 메니져가 말하더라.” “응, 맞다.”

“무슨 일이 있느냐. 에디.”

“너의 가족 모두가 가느냐,?” “왜 그러는데?”

“다음 주 화요일까지는 너무 멀다.” “그게 무슨 뜻이냐?”

오션시티(부산 해운대 같은 곳)에 가서 불꽃놀이 1박2일 떠나야 하는데 토요일부터 내가 나오지 않으면 연휴 쉬고 화요일에야 주급이 나올까봐 며칠을 고심하다 사무실에 과감하게 들어 왔던 것이다.

“어이 에디, 당연히 미리 주지, 그 걸 걱정이라고 하는가, 이 사람아!”

케인즈의 '유동성 선호설'의 유용성을 증명이라도 할라치면 자네의 소비나 생활행태를 더 두고 볼 일이다. 그렇다고 450불을 하룻밤 폭죽으로 날려 버리지는 말기를 제발…

호세야 호세야

호세는 스패니쉬 사회에서는 우리나라의 김씨 같은 이름이다.

우리 스토어의 호세는 유난히 말똥말똥하다. 영어가 서툰 그들과 소통하기가 여간 어렵지 않다.

영어를 쓰는 나라에서 영어가 고생을 하고 있는 현장이 우리 가게다. 영어와 스페인어 한국말이 뒤범벅이 된 출처불명의 언어가 난무하는 가운데 용케 전화로도 통하고 별 불편 없이 지낸다.

그래서 눈치나 센스에 많이 의존해야하는 상황이 빈번하다. 대여섯 명이 눈치껏 잘한다. 이제는 많이 적응이 되었지만 아직도 불만이 있다면 뭔가 잘못되었을 때 이들이 보이는 한결같은 태도다.

무조건 발뺌부터 한다. 심지어 어떤 때는 칭찬하려고 하는데도 자기는 아니란다.

더 큰 실수를 미리서 막고, 실수를 되풀이 않기 위해서는 실체를 먼저 알아야 하지만 자기는 모르고, 안했다는 데야 수습방법이 없다.

여기까지는 그렇다고 치자. 가게의 카메라는 종업원감시보다는 여러 가지 면에서 편리하다.

있을 수 있는 사고예방과 외부로부터 종업원 보호, 다른 스토어 상황도 동시에 체크할 수가 있어서 요긴하다.

누가 무엇을 하고 있는지 손바닥처럼 볼 수가 있다. 따라서 누가 보든지 말든지, 있든지 말든지 자기 맡은 일 묵묵히 하면 그만인 것을, 이건 내가 했다, 저것도 내가 했고…

기어코 생색을 내야 존재감을 인식시킬 수 있다고 생각하는지 시도 때도 없이 보고한다. 처음엔 도무지 정서가 맞지 않아 건성으로 대했더니 떨떠름한 표정들이다.

하는 일마다 이미 알고 있는데도 시시콜콜 내가 했다를 확인 받고자 하니, 책임은 없고, 오직 공만 먹으려 한다.

가만히 있으면 더욱 좋은 평가를 받는다고 고차원적인 피드백을 아무리 설명해도 도무지 알아듣지를 못한다.

단지 문화적 차이로 이해해보려 하지만 하수(下手)다.

국정감사가 한창이다. 정부가 하는 일을 법으로 만든 국회가 법대로 했는지 감사하는 것이다.

72년 유신 때 없애버렸던 걸 88년에 부활시켰으니, 유신 때부터 16년 군사독재시절은 '국정감사의 암흑기'인 셈이다. 세금 걷어서 정권이 하고 싶은 대로 하더라도 말 한마디 할 수가 없었던 시기가 바로 그때였다.

어떤 이들은 그때를 그리워한다고들 한다. 독재자들은 강력한 리더십이 있다고 하면서… 시대를 거꾸로 사는 자들이다.

이명박 정부 들어 자원외교 차원에서 체결된 광물개발 양해각서(MOU) 가운데 극히 일부만 본 계약으로 이어진 것이 드러났다.

이번 국정감사에서 2008년 이후 현재까지 이명박 정부에서 체결한 MOU는 총 33건이지만 이 가운데 15%인 5건만 본 계약이 체결됐다고 밝혔다.

그 밖에도 쿠르드 유전 개발 수주했노라고 온 나라가 들썩거렸는데 4억 달러를 사기당한 걸로 굳혀지고 있다. 그게 국민들의 피땀 어린 세금인 것은 두 말할 필요도 없다. 카메룬의 다이어 광산 채굴권으로 국내 개인투자자들에게 손해가 전가되고, 미얀마 유전 건은 사기미수에 그쳐서 그나마 다행이다. 외국에 나가 요란스러운 것에 비해 실속은 15%다.

그 15%도 이런 식이었다면 다시 뜯어 볼 일이다. 85%를 국민세금 써가면서 사기당하고 생색내기에 법석이다. 언론도 슬쩍 스친다.

국민들도 눈만 껌벅인다. 유난히 외국에 나가기를 좋아하고, 어떤 꺼리를 만들려는 노력(?) 속에 국민들의 피땀이 손실되고 있지 않는지 생각해 볼이다.

일부 인사들은 그런 행사에 박수 치러 못나가서 안달이라니…

경행록(景行錄)에 운굴기자(云屈己者)면 능처중(能處重)하고, 호승자(好勝者)는 필우적(必遇敵)이니라. 자기를 낮추면 귀해지고, 우기려 들면 적을 만난다.

호세는 요셉의 스패인어 표기이다. 기독교인들에게 있어서 '요셉 같은 삶'이 무엇을 의미하는지 나의 호세는 아는지 모르는지 오직 눈앞의 공치사에 시간 가는 줄을 모른다.

제6부

워싱턴 소리꾼

쑥대머리

도저히 잠을 잘 수가 없었다.
끊어질 듯 이어지고 잔잔하다가 험상궂은 사천왕상이 벼락을 치듯 휘몰아치는 소리.

동네에서 초상이 나면 죽은 사람과 죽음이라는 관념적 의미보다는 장사지내기 전날 밤 선소리꾼의 메김에 대메꾼들이 따라 부르는 연창이 동네 고샅을 타고 방안에 웅크리고 있는 조그만 귓전을 밤새도록 울린다.

곡조가 서럽다. 그리고 무서웠다. 사람이 죽으면 북망산이라는 곳으로 간다고 북장단에 맞추어 노래인지 울음소리인지 모를 슬프디 슬픈 소리가 이틀 동안 동네 곳곳을 돌아다닌다.

동네 어귀 으슥하고 외딴곳에 있는 상여 집에서 날마다 그 소리가 나오는 듯해 멀리 돌아 다녔다.

당골레 할머니의 집은 공교롭게도 상여 집과 가까이 있어서 마귀할멈으로 형상화시켜 버렸고, 그도 그럴 것이 그 할머니가 평소에 부르는 노래 소리가 상여소리와 거의 같았기 때문에 죽음, 상여소리, 당골레 할머니는 같은 부류로 각인되어버렸다. 소리는 이렇게 나의 옆에 50년이 넘게 있어왔다.

1929년 9월에 매일신보사 주최 조선명창대회가 서울에서 열린다.

임방울, 전남 광산출신, 25세의 작달막한 키, 약간 얽은 얼굴에 촌티 나던 사람이 뱃속에서 내뿜는 통성의 쉰 소리와 같이 컬컬하게 우러나오는 수리성을 섞은 소리가 울려 퍼지자 장내는 찬물을 끼얹은 듯 조용해졌고, 춘향의 절망적인 심정이 시대상황의 절망적이던 정서에 맞물려 여기저기서 장탄식의 추임새가 이어였다. 혼신을 다해 불렀던 불후의 명곡 '쑥대머리'는 이렇게 해서 태어났다. 이날 이후 임방울은 '천하명창'의 명성을 얻게 된다.

원래 춘향가는 춘향전을 소리판으로 끌어 낸 것인데 누구에게나 있을 법한 심연의 고독과 기다림, 희로애락, 권선징악을 우리민족의 독특한 회한의 정서와 놀이 문화로 승화시킴으로서 다섯 마당의 판소리 중에서 예술성이 가장 뛰어나다는 평을 받고 있다.

임방울 선생 장례식 장면

속절없이 과거보러 한양으로 떠나버린 정혼자를 기다리던 춘향에게 새로 부임한 고을 사또는 수청을 강요하지만 그를 뿌리친 죄로 차디차고 적막한 옥방에 갇혀 내일이면 죽을 수밖에 없는 절박한 심정을 소리로 풀어낸 '옥중가' 그냥 읽어 내려가는 소설과는 달리 '소리'로 표현해 감흥을 민중과 함께 향유했던 조상들의 지혜를 어찌 몇 줄의 글로 다 표현 할 수 있을까.

'귀 명창'으로 '보성소리' '서편제'를 따라 인생무상을 조속히 느낀 탓일까 어느 기회이건 흉내라도 내볼 소박한 꿈을 혼자서 꾸어본다.

다행인지 이국땅 미국에서 사숙할 소리스승을 만나 날마다 행복하다.

사랑가

'이리 오너라 업고 놀자.'
'사랑 사랑 사랑 내 사랑이야, 아메도 내사랑아,'

판소리에는 '사랑가'로 따로 떼어서 부르는 것은 없다. 춘향가 중에 사랑가 한 대목이 있는데, 진양조의 긴 사랑가와 중중모리의 자진 사랑가 두 개로 나눈다.

대개의 판소리가 슬픔과 한을 주제로 하는데 비해 즐거운 곳이나 흥을 돋워야 할 장소에서 부르기 편안한 소리가 춘향가중 이도령과 성춘향의 노골적인 성묘사 장면 이른바 '자진사랑가'가 그것이다.

영화 '서편제'에서도 술집에서 술꾼들에 둘러싸여 진한 농담과 함께 불려지던 것이 바로 이 장면이다.

'니가 무엇을 먹으랴느냐'

'둥글둥글 수박 웃봉지 깨트리고 강능 백청을 따르르르 부어 붉은 점 움푹 떠 반간진수로 먹으랴느냐'

잔스합킨스 대학 판소리 공연(2011년)

본 사랑에 곧바로 들어가기가 멋적기도 하여 듣기만 하여도 먹고 싶은 마음이 동할 달콤한 빨간 수박 속을 권하지만 좋다고 덜컥 받아먹을 춘향이가 아니다.

'아니 그것도 나는 싫소.'

싫다고 이도령이 돌아서면 이야기가 되질 않는다.

'그러면 무엇을 먹으랴느냐' '당동지 지루지하니 외가

지 단참외 먹으려느냐' '아니 그것도 나는 싫소.'

'포도를 주랴 앵도를 주랴 귤병사탕의 혜화당을 주랴' '아니 그것도 나는 싫소'

온갖 먹거리를 권해 봐도 춘향이 응하지를 않는다. 도련님이 속내를 뒤로하고 겉으로만 빙빙도는 것이 내심 싫었을 수도 있다.

그러자 이도령이 아주 노골적이고 직설적으로 '시금털털 개살구 작은 이도령 서는데 먹으랴느냐'면서 여태껏 구슬리고 참았던 감정을 폭발시킨다.

'저리 가거라 뒷태를 보자.

이리 오너라 앞태를 보자. 아장아장 걸어라 걷는 태를 보자, 방긋 웃어라 잇속을 보자'

성적 묘사를 이토록 은유적이면서도 적나라하게 할까 싶다.

원래 판소리 열두마당이 민간에 성행하였는데 지체(?)높은 양반들과 고관대작들을 희롱하고, 질펀한 음담패설이 많았다.

요즈음으로 치면 유언비어요, 풍속을 헤친다 하여 금지가요로 처벌을 하니, 녹음시설도 없던 때라 잊혀져 이제 겨우 다섯 마당이 남아 우리에게 전해지는 것이 춘향가, 심청가, 흥보가, 수궁가, 적벽가 등이다.

강상풍월

돈을 싫다할 사람 어디 있을까만 돈 좋아하는 사람들을 위해 '흥보가'중 '돈타령'을 예비해 놓을 요량이다.

오장육보에다가 심술보까지 합쳐서 오장칠보를 갖고 있는 놀부는 요즈음으로 치면 나무랄 데 하나 없는 '완벽남'이다.

돈을 모으기 위해 자식도 두지 않았으니 배울 게 한 두가지가 아닌 희대의 달인이다. 실존한 인물이라면 장관자리 하나 꿰차는데도 모자람이 없을 인물이다. 판소리 흥보가는 '박타령'이라 달리 부르기도 한다. 세상사 온갖 희로애락을 두 개의 다른 박 속에 응축해 모아놨다가 한 번에 터트리면서 세속의 애환을 소리로 풀어내고 있어 조상들의 기교와 해학을 엿보게 한다.

나중에 기회가 되면 더 자세하게 소개하기로 하고 여기서는 세월의 강을 유유자적하게 희롱하는 판소리 단가 '강상풍월'을 풀어 본다.

완만하게 흐르는 강위에 떠있는 배를 바라보고 있는 것만으로도 사람을 차분하게 만든다.

언뜻, 안평대군의 꿈을 그렸다는 화가 안견의 '몽유도원도'를 연상해 보았다가 오히려 추사 김정희의 '새한도'가 더 제격일 것으로 추정되는 것이 소리의 배경이지 싶다.

'강상에 둥둥 떠 있는 배, 풍월 실러 가는 밴가 아니면 금자동의 낚싯밴가'

그냥 보고만 있을 수가 없어서 '한송정 솔을 비어 조그만

하게 배하나 만들어서 술과 안주 많이 실어 수~울~렁 배 띄우자'

몽유도원도

'대인은 어디를 가나 대인이요, 출세를 하고 물망에 오르는 일은 상상마저 하지 말자' 놀부 식으로 보자면 한심하기 짝이 없다. 이 시대에서 보더라도 싹수가 노랗기만 하다.

'자라 등에다 저 달을 싣고, 꿈에 그리던 고향을 어서가세' 한다.

'오월이라 단오는 하늘이 준 계절이고, 태양이 높아서 숲 속의 백설이 다 녹아나고, 흰 갈매기야, 날지를 마라 널 잡으려 하지 않을 것이요, 하늘이 같이 보내 준 터이니 나하고 놀자'고 하는 대목에서는 도가사상에 폭 빠진 듯 별세계의 극을 향하더니, 이성을 차리고, 현실세계로 돌아와서 '이런 강상에 터를 닦고, 나무를 베어 쉼터를 만들어 놓고, 나물먹고 물마시고, 팔 들어 베고 누었으니 대장부 평생소원이 요만 허면 넉넉하잖나 거드렁거리고 놀아보자'하면서 판소리

단가 '강상풍월'이 끝난다.

무더위가 상상 이상이다. 이럴 땐 잠시 더위가 식을 때까지 기다려야 하는데 그것도 쉽지가 않고, 이미지만으로 마음을 식히는 지혜가 있어야겠다.

사람마다 그리는 시원한 이미지가 비록 현실성이 없다고 하더라도 그마저 없다면 걷는 앞길이 얼마나 터벅거릴까.

대나무 바람 시원한 담양 소쇄원 평상 그늘에 앉아 수박 한 덩어리 갈라놓고서, 고수장단에 맞추어 도포자락 날리며 '강상풍월'을 펼칠 그날을 꼽아 보는 것도 더위를 잊게 하는 나의 창조적 피서법이다.

상여소리

요령은 댕그랑 땡그랑 댕그라~앙 어~허 넘차 너화 넘, 어~허 어~어~허~ 너~엄, 얼가리 넘~차아 너화 넘.

북망산천이 머~흘다더니 저 건너 안산(安山)이 북망이로구나, 어~허 넘차 너화넘, 새벽종달이 쉰질 떠~어 서천명월이 다 밝아 오네 그려. 이제가면 언제나 올라요 오시는 날이나 일러주오. 어~허 넘차 너화넘.

미국에 처음 와서 놀랐던 많은 일들 중에 죽은 사람 시신을 조문객에게 보여주는 뷰잉서어비스는 커다란 충격이었다.

친인척이 아무도 없었던 터에 무슨 장례식 참석이 잦을 리가 있었을까만 사람이 사람과 살아가다 보면 그럴 일도 생기게 되고, 애상사(哀祥事)중 애사(哀事)우선의 오래 된 습관이 있어서 장례가 있다면 죄다 들르고 다닌다.

찬송가를 따라 몇 곡 부르고나니 죽은 시신을 보러 나가잔다.

다들 나가는데 안 나가겠다고 할 수도 없고, 내심 태연한 척 하며 몇 차례 하고나니 이제는 많이 익숙해졌지만 생전에 불면식을 시체로 대한다는 게 어색하기만 하다.

살아있는 사람들의 겉 치례에 지나지 않다는 생각이 들지만 거부할 수 없는 것이 현실이다.

울음소리도 거의 없다. 슬픔을 억지로 눌러 참는 가족들의 모습이 짠하다.

천국(天國)은 하늘나라요 천당(天堂)은 하늘에 있는 집이다. 좋은데 갔다는데 슬퍼한다는 게 논리적 모순일 수 있으니 이승에서의 헤아릴 수 없는 희로애락을 고개 몇 번 조아려 끝내는 것으로 장례가 끝난다. 조문객들과 생전의 고인에 대한 회한과 회포를 나누는 것도 극히 제한적이다.

요즈음 한국도 예전에 비해 많이 간소화되었고, 장례문화도 바뀌었다. 특히 화장장례가 많아진 탓에 운상례(運喪禮)를 약식으로 한다.

4년 전 어머님의 부음을 받고 동생들에게 전화로 대충 장지문제등 몇 가지를 상의하고는 혼자 한국으로 갔다. 장남인 내가 혼자 멀리 있어 거들고 간섭할 게재도 못되니 그저 지켜 볼 수밖에 없었고. 막내에게 상여를 준비할 수 있겠느냐고 조심스레 물었더니 이미 준비를 했단다.

청개구리마냥 어머니 애간장을 태우더니, 참으로 기특하다는 생각이 든다.

워싱턴 DC 근교에서 가진 노무현 대통령 서거 2주기 추모행사

상여를 하려고해도 대메꾼이 없어서 할 수가 없다는데 '공부를 멀리하면 친구가 많다더니' 각지에서 친구들이 오기로 했단다. 세상살이의 또 다른 면을 볼 수가 있었다.

운상하기 전날 밤새껏 선소릿꾼을 따라 메김소리를 하면서 망자의 한도 달래고 유족들의 슬픔을 위로도 하며 운상준비를 하던 고향의 어렸을 적 생각이 어렴풋이 스친다.

'물 가제는 뒷걸음치고 다람쥐는 밤을 줍는디 먼산 호랑이 술주정을 허~네 어~허 넘차 너화넘'

죽어도 죽는 것이 아님을 너무도 태연하게 망자(忘者)와 노래하듯이 한다.

거역할 수 없는 죽음을 일상처럼 대하고 정화(淨化)시켰던 조상들의 지혜가 놀랍다.

푸르디푸른 오월의 하늘에 꽃상여가 덩실하니 춤을 추듯 어머니가 거의 매일 나다니던 길을 따라 15년 전엔가 어머니와 둘이서 12그루 백일홍을 심어 놓았던 그 자리로 향한다.

"청승맞게 무슨 상여소리를 집에서 하시오?"

판소리 심청가에 유일하게 상여소리 대목이 있다. 그럴 것이, 맹모삼천지교(孟母三遷之敎)에서 시장터와 상여집은 부정적의미로 뇌리에 박혀 있으니 이 좋은 소리를 들을 수 있겠는가, 관은 비록 닫혔으되 영혼이 함께하는 한국의 상여소리에 녹아있는 장례문화와 싸늘하게 박제된 뷰잉서어비스의 차이를 집사람은 진정 몰라서 그렇게 핀잔일까 ?

한국전통 공연 발표회를 보고나서

동포사회가 커지면서 크고 작은 행사들이 많다. 이미 다민족사회 한복판에 들어 앉아 있고, 그들과 교호하면서 살아가고, 또한 결혼과 가정생활도 하고 있으니 주어진 환경자체가 배타적일 수 없다.

문화인류학의 범주에 속하는 소위 문화상대주의를 강조하는 것이 무색해지는 현장이 미주한인 동포사회다.

그래서 한인사회 행사에서 빠지지 않고 등장하는 것들이 있다. 전통한국예술 공연이다. 대표적인 게 풍물이요, 사물놀이, 판소리, 각종 춤들이 있다.

그걸 빼 버리면 한인행사라는 특별함이 없어져버려 주체성 없는 맥 빠진 행사이기 십상이다.

지난 일요일(22) 저녁. 조지매이슨 대학 해리스 극장에서 뜻 깊은 발표회가 있었다.

300여명의 관객이 숨죽이고 관람했던 한 시간 반을 많은 분들에게 권하지 못한 안타까움이 크다. 제1회 워싱턴 한국 전통공연협회 발표회가 그것이다.

가야금 소리가 그렇게도 아름다울 수도 있구나! 한복입고 노인네들 앞에서 언제 끝날지도 모를 고리타분한 소리로 여겨졌는데 이세상의 어느 악기가 그런 소리를 낼 수 있을까,

그 가야금 연주와 장구박자에 실린 버선발이 보일 듯 말 듯, 소매 끝이 날아오를 듯 선녀옷차림으로 산조 춤과 북춤이 어우러지고 나니, 귀에 익은 수준 높은 판소리 가락이 가슴속을 훑어 내린다.

잦아질 듯한 소고와 웅장한 북으로 한국의 기상을 일신함으로 민족전도의 당당함을 알렸다.

사물 중에서도 패거리들 간의 허리역할을 하던 설장고 공연을 통해 같이 자리한 외국인들이 넋을 잃고 말았다.

원더플 코리아! '한국인의 기술과 끈기가 우연이 아니었구나'를 보여준 훌륭한 민간외교였던 셈이다.

마지막을 장식했던 '아리랑' 독창은 공연의 대미를 장식한 의미 이외에도 객석에서 장탄식이 나올 정도로 우리의 민요, 우리의 예술, 우리의 문화를 한껏 자랑했다. 우쭐한 선민의식을 가질 정도로 손색이 없었다.

사실 문화를 접하고자 하면 해당문화의 본고장을 방문하는 것이 순서다.

그래야 제대로 보존된 문화를 접할 수 있다. 어려운 이민생활 속에서 우리 것을 잊지 않고 있다는 것으로도 충분할 텐데, 이번 출연진들을 보면 모두 지역에서 나름의 역할을 나누어 하던 분들이 이토록 훌륭한 '꺼리'를 창출했다는 데

의의가 크다.

그것을 장인정신이라고도 하고 고집이라고도 하는 예술인들이 갖는 끼 '프로' 정신일 것이다. 한국인의 내면적 아름다움과 정신이 무엇인지를 알렸다는 것에 자부를 느낄 만하다.

관람료 20불이 과다하지 않았음에도 15만이 넘는 한인사회에서 좌석을 다 채우지 못한 점과 외국인들이 많이 참석하지 않아 아쉬웠다.

'문은 무보다 강하다' 세계 정치외교의 중심이라고 하는 워싱턴에 이런 환상적인 팀이 있다는 것은 현지 영사관이나 대사관이 긍지를 가질 수 있는 일이라 생각된다.

용의 해, 용궁 이야기

인어공주.

그 상상만으로 우리는 다섯 살 어린이로 되돌아간다. 지금도 바다 속 세상은 여전히 신비롭고 경외의 대상이다.

넓고 넓은 바다를 상상만 하여도 마냥 신난다. 어렸을 적에 할아버지가 숭어낚시를 다녀와서 고기 바구니를 열어보면 죽어있는 숭어가 얼마나 불쌍했었던지 용왕님께 죄를 지은 우리집이 무사하지 못할까 걱정이었다.

'바다 속 물고기들이 뭍에 있는 나뭇잎을 모두 하나씩 물어도 나뭇잎이 부족하단다.' 할아버지가 하신 말씀이 지금도 생생하다.

판소리에 '서역'이라는 말이 자주 나온다. 서쪽에 있는 곳을 지칭하니 자연스레 문물이 전래되었던 중국을 생각해 볼 수가 있겠으나 중국보다 더 멀리 있는 미지의 땅, 바다건너 어딘가에 있을 유토피아를 그려 보는 것이 고달픈 삶에 잠시나마 등불이 되었을 것임이 자명하다.

그 상상의 끝자락에 용궁이 있는 듯하다. 용에 대한 이야기나 꿈이 없었다면 얼마나 삶이 팍팍했을까,

그 유토피아에 다다르는 중간에 있는 용궁, 해초가 펄럭이고 형형색색 물고기들이 용궁주변에서 군무를 추는 듯한 곳으로 다가가면 바다 속 깊고 깊은 곳이 아니라 또 하나의 별세계나 마찬 가지다.

꼬리 달고 장창을 세운 수문장을 지나면 넓지 않는 마당에 공기 줍기 하는 어린물고기들의 왁자함과 용궁귀퉁이 처마 밑에서 서너 명의 궁녀들이 속닥거리는 모습이 스친다.

이윽고 방문이 열리면 독특한 복장들에 수염달린 만조백관이 도열해 있고, 그 맨 끝에 진맥을 하는 도사와 머리띠 동여매고 비스듬히 누워있는 용왕이 보인다.

모두 입으로는 근심걱정이나 그렇게 평화로울 수가 없다.

그 용왕의 용채에 이상이 생기니 용하다는 의관, 신농씨초약을 죄다 동원해 보지만 백약이 무효라 신통방통하다는 도사를 부르는디, 진맥을 해 본 도사는 뜬금없이 '진세산간의 토끼 간'이 특효하오며, 즉시 회춘할 수 있다고 고지해 놓으니, 만승지의 위력으로 장생불사하려고 어린 남녀 5백 명을 허송 삼삼 잡쉈다는 진시황도 수명장단은 재천이라 하였거늘, 바다 밖 밝은 세상의 백운청산에 정처 없고 시비 없이 다니는 토끼를 바다 속에 있는 내가 어찌 구하며, 차마 내가

죽는 것이 쉽지 토끼는 구할 길이 없으니 다른 처방을 알려주오. 하면서 용왕이 흐느낀다.

백의제상들인들 별 수가 없고 서로 입으로만 충신 다툼하는 사이 하관말직 별주부인 자라가 주변에 하직인사를 하고 세상 밖으로 나오게 되는데 바깥세상에서도 날짐승, 길짐승이 상좌다툼이 그치질 않으니, 권력다툼에 날이 새는구나.

이윽고 호랑이 한 마리 나타나자 벌써부터 평정이 되어버린다.

귀가 쫑긋하고 똥그란 눈이 빨간 토끼를 만나 큰 벼슬을 주겠다고 꼬드겨서 용궁으로 데려 오는디~.

속고 속이고 반전에 반전을 거듭하면서 임기응변과 신출귀몰 세태만상의 탐욕과 술수들을 소리와 풍자로 다스리니, 듣는 이에 따라서 주인공 별주부가 되었다가 어느 마당에서는 토끼가 되기도 한다. 그래서 스릴과 재치를 동시에 느낄 수 있는 수궁가를 '토끼전' '별주부전'으로 달리 부르기도 한다.

용의 해에 누가 토끼고, 누가 별주부가 될는지 지랄같이 궁금 허네. 어디 수궁가 한번 들어 볼라요?

어~화!

매품 파는 박흥보

탱크로리 차한대 가지고 대기업에 지입차로 생계를 유지하던 유씨라는 사람이 느닷없이 쫓겨나자 회사 앞에서 내

밥그릇 달라고 1인 시위를 했다.

사장이 그 차를 5천만 원에 되사주겠다고 회사로 불러 회사임직원 7~8명이 보는 앞에서 알미늄 야구배트로 한대에 100만 원씩 10여 차례 구타한다.

안 맞으려고 발버둥을 치자 '지금부터는 한대에 300만원'이라며 세대를 더 때리고 2천만 원을 현장에서 쥐어주었던 재벌그룹회장 사촌동생 사장이 구속되었던 일이 2011년 여름에 있었다.

꾸며낸 이야기 같던 이 뉴스를 처음 듣는 순간 가슴이 써늘하다.

21세기 대명천지에 어떻게 이런 기괴한 일이 있나, 현장에 있었던 회사 간부는 '2천만 원어치를 덜 맞았고, 돈을 더 받기위해 유씨가 더 맞은 부분도 있었다.'는 증언에 이르자, 이 사건이 그렇게 간단한 일이 아니구나 하는 생각이 들었다.

운봉 사는 이야기 속의 박흥보는 원래 그렇게 가난하지가 않았다. 낳을 만하니까 자식을 열아홉을 두었지만 장자상속제도라는 사회현상 때문에 한순간에 거리로 내몰리면서 이야기가 전개 된다.

없는 집구석에 제사만 많더라고 자식들이 많으니 먹을 것에 더욱 껄떡대는데, 얼마나 떡을 먹고 싶었으면 이렇게 했을까,

'흥보 마누라 가난에 찌들어 신세자탄 울고 있을 적에, 열일곱째 아들놈이 유혈이 낭자하여 울고 들어오며, 어머니 나 송편 세 개만 해주시오, 아니 이 자식아 떡은 왜 세 개만

해 달라느냐, 동리로 놀러갔다 애들이 송편을 먹기에 좀 달랬더니 황토에다 오줌을 누어 황토송편을 만들어 주며 이 떡을 다 먹으면 참 떡을 주마 허기에, 황토송편을 다 먹어도 참 송편은 아니 주고 뭇놈들이 늘어서서 가랑이 속으로 기어 나오면 송편을 주마기로 하여 송편 얻어먹을 욕심으로 엎어져 기어 나갈 적에, 뒤엣놈 떨어져 앞에 나가서고 담담놈 떨어져 앞에 나가서고 한정 없이 기어나가자니 무릎이 헤지고 유혈이 낭자하여 내가 욕을 좀 하였더니 송편은 고사하고 직사하게 뺨만 맞고 보니 송편 세 개만 주면 하나는 입에 물고 양손에 송편 하나씩 들고 조롱하고 싶나이다.'

이런 찢어진 가난을 흥보라고 몰랐을까, 환자 한섬 얻으러 관가에 나갔다가 빌려 줬다하면 돈 받기 어려울 것 같으니까 매품팔이를 제안하는 호방에게서 우선 마삯으로 받은 다섯 냥을 가지고 나오는데, 나오자마자 떡국과 막걸리부터 한잔마시고 나서 거나해지자 모처럼만에 집안의 가장으로써 큰소리를 떵떵거리는 것이 어깨 힘 빠진 오늘날의 가장들과도 너무나 흡사해서 놀랍다.

장탄식을 하면서 매 맞으러 감옥엘 가보니 그런 사람이 여럿 있는걸 보고는, 한편으로 안도도 해 보지만 매 맞다가 죽을까봐 식겁해 하고 있는데 옆집 꾀돌이가 엿듣고 와서 흥보 몫의 매를 먼저 맞고 서른 냥을 타가지고 가버렸으니 이 노릇을 또 어찌 할꼬, 매품 파는 것도 공급이 넘칠 만큼 각박한 서민들의 삶, 바보같이 착하기만 한 흥보는 부러진 제비다리 덕분에 팔자가 늘어지는데 어디까지나 이야기일 뿐이다.

오늘날 눈에 띄지 않는 삭막한 현실이 흥보가와 많이 다르지 않다는 걸, 돈 때문에 잠 못 이뤄 보고, 의리 상해보고, 이혼을 겪어 본 사람들은 안다.

돈에 관한 어줍잖은 이중적 가치 때문에 매우 조심스럽다.

'매 한 대에 1천불, 때릴 수 있는 자와 맞겠다는 사람' 과연 오늘을 살아가는 사람들 중에 몇 사람이나 태연자약해 할 수 있을까 생각하면 소름마저 끼친다.

월리엄 조 평화센터 개관 기념(버지니아2011)

'박타령'이라고 달리 불리기도 했던 '흥보가'는 가족위주의 사회에서 상업주의로 바뀌어가는 조선후기의 시대상이 잘 반영된 사회 풍자 판소리다.

아무 생각 없이 따라 부르거나, 무릎 한번 치고 지나가는 소리세상이라면 오죽이나 좋으련만…

어떤 격려상

뉴욕에서 열린 제 11회 국악경연대회라는 곳엘 다녀왔다. 그냥 다녀 온 게 아니라 무대에 출연해서 경연에 참가하였다.

한번 심청가에 빠진 소리꾼의 운명은 그 소리꾼만이 아는 것이라서 옆에서도 몹시 조심스러워하기도 하고 경외의 대상이 된다고들 하는데…

고독한 외길, 악보도 가사도 없이 마주앉은 스승의 눈과 귀와 소리만으로 짧은 듯 긴 숨소리 끝에 소리 몇 가닥 풀어내고, 그것을 엮고 엮어서 하염없는 소리사연에 밤을 새고 날이 밝기를 몇날 며칠.

"어허가 아니고오, 어흐어~허"

몇 십번이고 반복하지만 성에 안차다. 갈수록 목은 잠겨오고 급기야 목이 부어서 막혔는지 소리가 나오질 않는다.

"밀어 뚫으세요." "단전에 힘을 주고 저산 너머에 있는 사람에게까지 배에서 나온 소리가 던져지도록 힘껏 밀어 올립니다!"

"크~ 허, 안되는데요."

십수 년 전 어느 즈음, 영화 서편제를 보고, 씨디로 집에서 한 두번 더 보고, 릴테이프로 차에 다니면서 듣고 또 듣고 흥얼거리다가 소설 서편제를 썼던 작가 고 이청준님의 고향이 소리의 고장 보성 바로 옆 동네인 장흥이라는 것을 알았다. 그 장흥을 넘으면 다산초당과 도요지로 유명한 강진이고, 강진에서 우슬치를 넘으면 고산 윤선도의 어부사시가가 '지국총 지국총 어사와'가 들려오는 듯 고향 해남 들녘이 넓다.

강강수월래의 우수영을 넘어 진도아리랑의 진도에 이르기까지 혹자가 '남도문화 답사 1번지'로 왜 여기를 꼽았는지 의심을 둘 여지마저 없는 곳.

남아있는 흔적만을 문화유산으로 본다면 얼마나 건조할까. 가슴과 마음으로 전해 내려오는 정신의 문화, 판소리도 그런 것임을 요즈음 몸서리치게 느껴 본다.

어느 해 봄날, 윤진철 명창이 이끄는 문화기행의 대열에 올랐다.

판소리 보성소리의 산실 회천리 도강마을에 당도한 일행 앞에 '이 비는 서편제 계면조와 강산제의 예맥을 이어 더욱 기품이 있고, 성음이 분명하며 가슴 한복판 힘 있는 소리로 한꺼번에 돌려 천변만화 무궁조화의 보성소리의 진원지에… (중략) 국창 조상현등 많은 제자를 키워 이 예적비로 기념하다'라는 정응민의 예적비를 옆에 두고, 명창은 호수 건너편 언덕을 병풍삼아 그의 스승의 스승들이 그랬듯이 소리로 세상을 품는 기품에 한껏 매료되었던 적이 있었다.

언젠가는 흉내라도 낼 수 있을까?
게으름이 앞을 막고, 두려움이 발에 밟히고 망설임이 잡아댕기니 마음이 설령 있다한들 삼중고를 뚫을 자신마저 없는 터에 소리선생 김은수님을 먼발치서 보고 한걸음에 달려가

사사받기를 조아렸다. 소리인생 20년을 훌쩍 넘었으니 그 연륜에 고개가 수그러들고 만다.

하루 이틀, 한달 두달, 그냥 그러려니 따라했다. 지금 생각하니 얼마나 한심했을까, 처음부터 몰아 부치면 제대로 한번 해보지도 못하고 포기해 버릴까 봐 그런 줄도 모르고 천방지축 날라리가 되어갔다.

다섯 달이 넘고 보니 조여 오기 시작하는데 소리가 되면 박자가 안 맞고 박자를 맞추다 보면 넋두리 흥타령이 되어 진퇴양난이 따로 없다.

경연에 한번 도전해 보란다.

"'무엇을요?"

"시작한 지가 채 1년도 안 되었는데 어떻게."

"다 생각이 있으니 한번 해 봅시다."

다시 목이 부어올랐다. 어디가 갈라졌는지 좀 쓰리기도 하다.

"왜 목을 그렇게 누르고 계세요"

상청을 내지르기 위해서는 숨을 몰아야 되고, 목을 조였다가 터쳐야 된다는 서툰 생각이 목을 다치게 만들었던 것이다. 그러기를 세 번, 네 번 나도 모르게 소리목이 조금씩 달라진다는 것이다.

서편제의 비조 박유전, 강산마을에서 노래하였다 하여 강산제의 비조라고도 부른다.

정재근, 정응민, 성우향을 거쳐 조상현, 안향련에 이르고, 이날치, 김채만, 박동실을 거쳐 한애순에 이르는 다른 두 유파의 한 스승이 박유전인데 명창의 부채에 다쳤던지 박유전과 이날치는 애꾸눈이었다고 한다. 여기서 서편제의 '한'을 잠깐 엿보게 한다.

격려상 시상식 장면(2011년 뉴욕)

김은수 스승의 사부가 김영자 명창이고, 김영자 명창의 스승이 정권진, 성우향이니 판소리에서 일컫는 소위 '쬬나' '쩨'는 '강산제'를 배운다고 해야 할 것 같다.

경연을 며칠 앞두고, 사나흘 동안은 좀 쉬어줘야 된다고 하더니만 저녁 7시에 시작한 가다듬기가 자정을 지나고 1시가 된다.

사흘째가 되자 집사람이 "미쳐도 단단히 미쳤네. 나이 오십 중반에 무슨…"

결국 경연장 도착하니 대회규정에 5분씩만 하란다. 총 12

분 준비 한 걸 앞대목과 뒷부분 중 평소에 자신 있었던, 그래서 대회전까지는 내팽개쳐 놓은 뒷부분만 경연시작 10분 전에 바꾸려니 없던 식은땀이 주르륵 흐른다.

당대의 명창 신영희, 이영희, 박수관 등 문화재 앞에서 오직 북채를 거머쥔 선생님만을 의지하고 섰다. 어두운 객석, 작열하는 조명, 호흡을 가다듬고 시작대목을 되뇌었다. 삼백번도 더 불러봤을 그 소리대목이 흥분했던지 긴장했던지 마지막 두 소절에서 삐그덕, '아차' 끝나고 내려와서 십 분이 지났는데도 심장이 쿵쾅거린다.

오전 열시에 시작한 공연이 점심시간을 잠깐 비우고 오후 7시까지 이어진다.

출연자당 5분, 편안한 마음으로 관람할 수가 있었다. 짧게는 3년, 길게는 십년이상씩 연습한 경연자들 앞에서 갈수록 작아드는 자신을 발견하고는 복장을 벗어버렸다. 끝날 쯤에 선생님이 단체로 사진이라도 찍도록 복장을 갖추란다.

이윽고 시상식, 너무 이른 시기에 상을 주면, 소위 '싹아지'가 없어져서 선생님 말씀도 안 듣고 발전이 없다. 그러니 격려하는 뜻에서 '격려상'을 주노라

사람 사는 세상 워싱턴

초　판　발행일 2012년 3월 15일
지은이　강창구
펴낸곳　초록낙타
주　소　서울 강북구 인수동 516-58
미광빌라 가동 203호
등록번호　제9-00169호
전화번호　02-990-7231
전자우편　gwk88@yahoo.co.kr

ISBN　978-89-967990-1-6-03810

값 12.000